# 親鸞——救済原理としての絶対他力

構築された仏教思想

釈　徹宗

まえがき

ひとりの宗教者を〝一冊の書籍〟で語るのは、けっこう難しいのである。

結果的には「私の眼から見た」という前提から逃れることはできない。ゆえに本書も、私の眼から見た親鸞、となってしまう。しかし本書には、本シリーズの共通テーマである「中級者への第一歩」という立ち位置があるので、その意味においては概説的説明にとどまらず、ぐっと「親鸞」に踏み込んでいこうといった姿勢で書いている。

また本書は、一歩引いた視点から親鸞を俯瞰している側面と、私自身の思いが込められた側面とが混在している（おそらく読者諸賢にとって、そのあたりの区別を読み取ることは容易だろうと思う）。つい力が入ってしまっているのは「親鸞が抱え続けた矛盾」の部分である。私自身がそこに魅了されているからだ。まさに自分のためにこそあるような教えに出会った「喜び」とあまりにも深い「悲しみ」、仏の救いとその救いから逃れようとする自分、光と影……。背反するものが同時に成立する、いかんともしがたい矛盾。

親鸞を「煩悩具足の仏」と表現した人がいる。煩悩を滅した存在を仏陀と呼ぶのであるから、これまたまったくおかしな表現である。まるで「生きている死者」みたいなものである。しかし、なぜか「親鸞」という人物を語る場合には許されるような、何か響くものがあるような、そんな言葉である。親鸞と出会えそうな気がする言葉だ、と言えば少し情緒的過ぎるか。もちろん、親鸞自身は生涯を通じて「悟った」と言うこともなかったので、「仏」と呼ぶのは不適切かもしれないが。

本書は、そうした矛盾を簡単に合理化してしまわず、二項対立のままにもおかず、同一化もせず、関わり続け、「緊張関係」を抱え続けた稀有な人物、親鸞について書いたものである。そして、もし、その緊張感が伝われば、ありがたいと思っている。

ところで、本書のサブタイトルについて少し補足したい。サブタイトルに関しては、担当編集者の大室英暁氏と何度も検討したが、やはり親鸞の世界を言葉にするのは難しく、なかなか決まらなかった。結局、親鸞の眼前に開いた地平を「救済原理としての絶対他力」と表現することとなった。「救済原理」は宗教哲学が浄土仏教を語る際にしばしば使用され、「絶対他力」は親鸞思想を端的に指す言葉としてよく使われているが、「原理」

や「絶対」といった概念は簡単ではない。もし、唯一神教（モノシイズム）における造物主のように「何ものにも依存することなく、唯一にして変わることのない存在」こそ「原理」であり「絶対」であるとするならば、仏教思想においてこれらの用語を使用する場合は慎重でなければならない。そのため、このようなタイトルが適切かどうか迷ったのである。しかし、すでに江戸時代の真宗学僧・僧樸《そうぼく》（一七一九―六二）が「絶対門」という表現を使って親鸞の世界を語っており、現代の真宗教学においても「救済」「原理」「絶対」といった言葉はたびたび目にする。あれこれ勘案した上で、このような結果となった。

とにかく大室氏には大変お世話になった。この場を借りて御礼を申し上げたい。

目次

装幀＝大竹左紀斗

# 第一章

# 浄土仏教とは何か

浄土仏教とは、「仏陀の国（＝浄土）へと生まれる（＝往生する）ことを願う仏教の一体系」である。一般的には、「阿弥陀仏の本願力廻向（他力）によって浄土へ往生し悟りを得る教えと実践」を指す。初期仏教の形態に比べれば、かなり変形しているとも言えるが、世界の仏教を広範囲にわたって下支えしているとも言える。

ところで、本書では、「浄土仏教」という呼称を使っているが、これまでは「浄土教」と表現されることが多かった。しかし、「浄土教」という名称は、メイン仏教の脇役的ポジションといった感があることや、時には仏教から分かれて成立したひとつの宗教として扱われる場合もあることを想起させる。そこで近年は（浄土の教え、他力の教えは、仏教体系の中で確たる流れとして位置づけられるといった自負もあるのだろう）、「浄土仏教」という用語が次第に使われるようになってきた。本書でもこの傾向を踏襲している。

さて、この浄土仏教を構成している主要要素である「浄土」や「念仏」などは多義的であり、成立過程にも不明部分が多い。それがひとつの仏道を形成するまでの経緯を概観してみよう。

浄土仏教の骨格は「阿弥陀仏の誓願」「浄土往生」「念仏」であり、これらによって他力の仏教は成立する。

しかし、それぞれの要素は初めからつながっていたわけではない。これらがひとつの宗教的ナラティヴとなったのは中国仏教においてのことであると思われる（ナラティヴとは「語られる物語」のことである。ここで言うところの「宗教的ナラティヴ」は、ひとつの「語り続けられる宗教体系」といった意味。宗教体系のナラティヴは、多くの人々に共有されており、同時にひとりひとりの存在そのものに関わる。だから、他の物語で代替することはできない)。かなり大雑把な言い方をすると、各要素はインド仏教やインド周辺地域や仏教以外の宗教などにおいて発生し、中国仏教において体系化され、日本仏教においてひとつの派として確立した、そんな感じであろう。

体系化された浄土仏教を語る前に、各要素をそれぞれ点検しなければならない。

## 1　念仏という宗教的実践

まず、「念仏」から見てみよう。

「念仏」は、大乗仏教成立以前から、すでに語られている。例えば、『ミリンダパンハ』(『ミリンダ王の問い』として和訳されている。また一部は漢訳『那先比丘経《なせんびくきょう》』として伝えられている)という仏典がある。紀元前二世紀後半、現在のアフガニスタンやインド北部までを統治したギリシャ人の王であるメナンドロス(インド的発音ではミリンダ)と、インド人の仏教者ナーガセーナとの問答が克明に記されている仏典だ。『ミリンダパンハ』には、当時すでに仏教では「念仏によって悪人も救われる」という思想が発達していたことをうかがわせる記述がある。以下は、その引用である。

王は問う、「尊者ナーガセーナよ、あなたがたはこのようにいわれます。――「たとい百年間も悪を行なっても、臨終にひとたび仏を念ずることを得たならば、その人は天上に生ずることができるであろう」と。わたしはこのことを信じません。（以下略。傍点筆者）」

「大王よ、（中略）小さい石でも舟なくして水の上に浮かぶでしょうか？」

「尊者よ、そうではありません」

「大王よ、百の車に積むほどの石くずでも、船に載せられたならば、水の上に浮かぶでしょうか？」

「尊者よ、そうです。水の上に浮かぶでしょう」

（『ミリンダ王の問い』第一編第七章第二）

この「石と船」の譬喩は、現在の日本浄土仏教においてもしばしば使われる。本来沈むはずのものが「誓願の船」によって浮かぶ。石が軽石に変化したわけではない。石のまま、浮かぶのである。同様に、凡夫のまま悟りの世界へと往けるという仏道があったということだ（ただし、それは仏教のメインライン（本線、幹線）ではなく、いわばブランチライン（支線）として）。

もちろん、ここで語られている「念仏」は「称名念仏」ではない。原文ではBuddhagataṁ satiṁとなっているので、文字通り「仏を念ずること」を指す。そしてこの「一心に仏を念ずる」という宗教的行為は、その後の大乗仏教にも大きな影響を与えた。

大乗仏教における最初期の仏典は「般若経典」群である。成立年代は、はっきりとしないものが多いのだが、少なくとも初期大乗仏教において「般若経典」群が果した役割はとても大きい。初期大乗仏教を完成させたナーガールジュナ（龍樹。二—三世紀）が「空」という到達点へと行き着くのも、「般若経典」群に立脚したからである。最初期の「般若経典」群の代表的仏典である『道行般若経』には阿閦仏《あしゅくぶつ》への念仏が語られている。また同じく最初期に成立した『般舟三昧経《はんじゅざんまいきょう》』には、阿弥陀仏への念仏が語られている。

一法とは何であるかと言えば、すなわち「現在の仏が現前に住し給える」と名付ける三《さん》昧《まい》で、多聞の人に先んじた諸法を成就するであろう。（『般舟三昧経』第二章）

ここでは、「悟りとは、三昧体験であり、それは見仏体験である。それは、博聞多識なる人よりも先んじるのだ」といった内容が語られている。また、

彼は〔自分が〕聞いたそのままの〔無量寿仏の〕形相によって「この仏国から西方の方角に〔ある〕、百千万億の仏国を過ぎた安楽を有する世界（極楽世界）において、かの無量寿正等正覚如来世尊が現在、菩薩の集団によって遍《あまね》く囲繞《いにょう》されて前面にされ（尊敬さ

れ）お坐りになっておられる。生活されている。留まっておられる。また、法を示しておられる。」と思念するのである。彼はまた、心を散乱させずに如来を思念するのである。（同第三章）

とあり、「西方の極楽世界には阿弥陀仏（＝無量寿仏）がましまして、多くの菩薩に囲まれている。その姿や世界や相を思念するのだ」と念仏を勧めている。『般舟三昧経』では、この後、阿弥陀仏の教えを聞き、その教えを心に留め、阿弥陀仏を恭敬し、尊び、礼拝することが説かれている。

ここには明確に、初期大乗仏教における「般若波羅蜜」＝「念仏三昧」、すなわち、仏を念ずることが示されている（河波昌『浄土仏教思想論』）。

この念仏三昧は中国や日本の仏教でも盛んとなり、比叡山では「常行三昧堂」が建てられ、修行僧たちはここで念仏三昧を目指すこととなる（ちなみに親鸞もここで堂僧をしていた）。やがて、この「三昧」としての念仏が、「称名念仏」（阿弥陀仏の名を称える）へと大転換するのだ。そのキーマンとして、隋時代の僧・善導（六一三―六八一）と、日本の法然（一一三三―一二一二）の二人を挙げるべきであろう。もちろん、称名念仏自体はもともと仏教体系の中にあった実践行為である。仏典において「称名」が述べられている部分をいくつか挙げてみよう。

たとひわれ仏を得たらんに、十方世界の無量の諸仏、ことごとく咨嗟《ししゃ》して、わが名を称せずば、正覚を取らじ（もし私が悟りを開いて仏と成れば、この世界に満ち満ちる仏たちが私の名を称える。そうでなければ、私が悟りを開くことはない）。（『無量寿経』）

初期大乗仏典である『無量寿経』ではこのように述べられている。ここで語られているのは、この世界に満ち満ちる諸仏が阿弥陀仏の名を称える、という話なのだが「仏の名を称える」という行為が仏教思想体系の中に連綿と続いていたことは確かである。また、成立事情が不明ではあるものの、東アジアに大きな影響を与えた『観無量寿経』には、

「汝もし念ずるに能《あた》わずば、まさに無量寿仏と称すべし」と。かくのごとき心を至して声をして絶えざらしめて、十念を具足して南無阿弥陀仏と称せん。仏の名を称するがゆえに、念念の中において八十億劫の生死の罪を除く。命終《みようじゆう》の時に、金蓮華《こんれんげ》を見るに猶《なお》し日輪のごとくにして、その人の前に住せん。一念の頃のごとくに、すなわち極楽世界に往生を得ん（「仏を念ずることができないならば、無量寿仏と称えなさい」と。このように心から声を絶やさないようにして、十念を具えて南無阿弥陀仏と称える。仏名を称えるのだから、一念一念、称えるうちに、八十億劫の間、生と死に結びつける罪が除かれる。その人が臨終の時、日輪のような金の蓮を観て、一

念の間に、極楽世界に往生できる）。（『観無量寿経』）

と述べられている。ここでは、観仏ができない者、一番ダメな念仏者は、仏の名を称えると臨終時に救われる、となっている。

また、部派仏教から大乗仏教まで幅広く思想を展開したヴァスバンドゥ（五世紀。現在のパキスタン北部出身の学僧。天親《てんじん》あるいは世親《せしん》などと呼ばれている）は、念仏を五種類（五念門）に分類して説いている。①礼拝《らいはい》：阿弥陀仏や浄土に対して礼拝すること　②讃歎《さんだん》：阿弥陀仏を讃えること　③作願《さがん》：浄土往生を願うこと　④観察《かんざつ》：阿弥陀仏や浄土を観ずること　⑤廻向《えこう》：すべての善行を浄土往生へと転換すること、これが五念門である。この中で、二番目の讃嘆には「阿弥陀仏の名を称えること」が含まれる。

このように、称名念仏の系譜は古くから続いているのだ。ただ、一番低レベルの念仏、といったポジションとして語られることが多いと言えるだろう。

つまり「念仏」とは、文字通り「仏を念ずる」ことによって観仏という三昧へと入るという体験から、仏の名を称えるという誰にでも可能な行為まで、幅広い意味をもつ宗教的実践なのである。

ところで、初期阿弥陀仏経典（『平等覚経』や『荘厳経』など。漢訳の『無量寿経』には五つの異訳が現存している。本書では特記しない限り「魏訳」を指す）には盛んに「我が名を聞きて」という「聞名」が出てくる。初期大乗仏典である『大阿弥陀経』(『二十四願経』とも。呉訳。『阿弥陀経』とは別)においても、「仏の名を聞くだけで」という仏道が説かれている。この点は、親鸞の思想の中核へと深く入り込む手がかりであるため、留意しておいていただきたい。

多義的であった「念仏」が善導・法然において「称名」を軸にする方向へと転じていったことを念頭において、次は阿弥陀仏信仰について概観しよう。

## 2 大乗仏教における救済と阿弥陀仏

すでに、最初期の大乗仏典である『般舟三昧経』に阿弥陀仏が登場していることや、同経には仏を念ずることにより仏を観たてまつる(見仏)という体験へと至る三昧(般舟三昧)が説かれていることは述べた。

大乗仏教では「我がはからいを捨てて、仏の慈悲へとすべてをゆだねる」=「仏を観たてまつる」と説く。それはブッダが説いた「執着を消滅させる」という道とパラレルでありながら、出家・在家問わず、しかも多様な文化や民族に受け入れられていった教えであった。その意味において、大乗仏教は、この世界に満ち満ちる諸仏・諸菩薩の宗教的物語によってその宗教性を成熟させていったのである。

ところで、仏教には原始仏教以来、ひとつの国に、ひとりの仏陀、「一国一仏」思想というのがある。ゆえに、この娑婆世界における仏陀は釈尊ただひとりだけであるという仏教思想もあるのだ。それに対して大乗仏教では、この世界は多層的多面的であって、そこにはそれぞれの仏陀がおられるという世界観が展開した。これは仏教がヒンドゥー文化圏において思想体系が練り上げられていくプロセスの結果であり、また仏教が各地域に拡大し幅広い文化圏において各土俗の信仰とも融合していった結果であろう。おかげで仏教において、阿弥陀仏、阿閦仏、薬師如来、弥勒菩薩、観音菩薩など、多重的な世界に諸仏・諸菩薩が満ち満ちるという信仰体系が形成されていく。このあたりは、何か仏教の二枚腰的寛容性を感じて興味深い。とにかく、現在でも、中央アジアや西アジアの仏教遺跡は、たいてい民族や文化や宗教がひしめきあっているところに存在する。どこか仏教には、互いに小競り合いをしているところにド〜ンと（上座や下座がない）丸テーブルをもちこんで異質性をもったものすべてが序列なく席につけるようにする性質があるんじゃないか、そんな気がするのである。

　無数に語られる諸仏・諸菩薩の世界観の中、観音信仰や阿弥陀仏信仰や弥勒菩薩信仰などが突出して発達していく。中でも、阿弥陀仏は「永遠化された釈迦」という側面をもち、「受容原理」が強く（私は個人的に母化した釈迦などと呼んでいる）、そして浄土への道筋が明確に説かれている。つまり「凡夫のための仏道」という上書きがなされていき、阿弥陀仏信仰が大きく展開する。そして、阿弥陀仏の誓願による救い（他力）は、中国仏教の曇鸞《どんらん》や道綽《どうしゃく》などによって、教義として簡明に整理されるのである。浄土仏典から「阿弥陀仏の存在」について語っている有名な部分を引文しよう。

如来、無蓋《むがい》の大悲をもって、三界を矜哀《こうあい》したまう。世に出興する所以《ゆえ》は、道教を光闡《こうせん》して、群萌《ぐんもう》を拯《すく》い恵むに真実の利をもってせんと欲してなり（如来は一切平等なる大慈悲をもって、すべての苦悩の存在を深くあわれみくだされた。なぜ如来はこの世界に出現したのか。それは苦悩する生きとし生けるものを救い、真実の教えに導くためである）。

（『無量寿経』）

舎利弗よ、汝が意《こころ》においていかに。かの仏を何がゆえぞ阿弥陀と号するや。舎利弗よ、かの仏の光明は無量にして、十方の国を照らすに、障礙《しょうげ》するところなし。このゆえに号して阿弥陀となす。また舎利弗よ、かの仏の寿命およびその人民も、無量無辺・阿僧祇《あそうぎ》劫《こう》なり。かるがゆえに阿弥陀と名づく（シャーリプトラよ。なぜ阿弥陀仏というお名前なのかわかるか。それは限りない光ですべての世界を照らすからである。その光は何ものにも妨げられることはない。だからこそアミターバ〈無量光〉なのだ。またシャーリプトラよ。阿弥陀仏とその仏国土の人々は生命が限りない。だからこそアミターユス〈無量寿〉なのだ）。

（『阿弥陀経』）

ここには阿弥陀仏の大いなる慈悲によって苦悩の衆生が救われることが説かれている。また、阿弥陀仏とは「限りない光の仏」（アミターバ＝アミタ＋アーバ＋ブッダ）、「限りない生命の仏」（アミターユス＝アミタ＋アーユス＋ブッダ）を表している。これを漢訳して無量寿仏や無量光仏などとも呼ばれる。『無量寿経』に説かれている四十八の誓願において、第十二番目が「限りない光」、第十三番目が「限りない生命」の誓願となっている。

さて、仏教では、人間が悟りを開いてブッダ（目覚めた者）と成るとする。そして、釈尊が開悟する以前を指して菩薩（ボーディサットヴァ＝悟りを求める者）と呼んでいたが、大乗仏教では悟りを求める者はすべて菩薩である。大乗仏教は「菩薩道」なのだ。

阿弥陀仏も菩薩が悟りを開いた結果である（これを報身仏《ほうじんぶつ》と言う）。阿弥陀仏と成った菩薩の話が載っている仏典はいくつかあるが、日本では「法蔵という名前の菩薩が、世自在王仏の導きで、五劫《ごこう》もの間にわたって思惟し、はかりしれない長期間の修行の結果、阿弥陀仏に成った」というストーリー以外はほとんど耳にすることがない。ちなみに、落語「寿限無」の「ジュゲム」は「限りない寿命」であるから阿弥陀仏のことである。「ゴゴウの擦り切れ」は、法蔵菩薩が「岩が擦り切れるほど長い間（五劫）」思惟したことである。また世自在王仏は、ヒンドゥー文化のシヴァ神がモデルだと思われる。

阿弥陀仏の起源は諸説あって、必ずしも明確ではない。大きく分けると、仏教の外側から入って来た要素である説（ゾロアスター教のアフラマズダーという神が起源であるという説や、ヒンドゥー教の西方守護神ヴァルナ信仰やヴィシュヌ神信仰を起源とする説など）と、仏教がもともと内包していた要素であるという説（原始経典における大善見王神話や生天《しょうてん》思想など）がある。しかし、ヒンドゥー文化と仏教の線引きは簡単ではなく、ヒンドゥー教の基盤となっている「ヴェーダ」には、

「神の国には、アミタウジャス（無量の光にあふれた）という名の寝床がある」といった神話があり（『カウシータキ・ウパニシャッド』）、これを起源と考える説もある。

とにかく法蔵菩薩のストーリーや西方浄土の描写などから推理すれば、阿弥陀仏という存在は釈尊の生涯を軸としてさまざまな要素が習合、ついにはひとつの宗教的ナラティヴとなったと思われる。

その釈尊が説いた道とは、「縁起の法を知り、執着を捨てて、安寧な境地へと達する」というものであった。ブッダの説く教えが仏教であり、ブッダに成るための道が仏教である。そのような出家者中心の教説と同時に、仏教は民衆の宗教的欲求に応えるだけの教義体系も育てていった。その典型のひとつが阿弥陀仏（この世界に満ち満ちる限りない光と限りない生命の仏）だったのである。

## 3　浄土へ往生して成仏する

さて、浄土といっても、阿弥陀仏の西方浄土、阿閦仏の東方妙喜国、薬師如来の浄瑠璃世界、弥勒菩薩の兜率天内院、観音菩薩の補陀落浄土、釈尊の霊山浄土など、（広い意味での）浄土信仰はさまざまに語られる。密教では、この世界がそのまま密厳浄土だと捉えたりもする。浄土へと往生して悟りを得るという仏道も、多岐にわたるのである（阿弥陀仏信仰や浄土信仰は、仏教より古い可能性さえある）。

この「浄土」という仏教用語は、仏や菩薩が住まわれる清らかな国土のことで、阿弥陀仏の浄土はスカーヴァティー（sukhāvatī）という。直訳すれば、「極楽」や「安楽国」といったところだ。大乗仏典には、「極楽」や「仏国土」（buddha-kṣetra）や「安楽国」や「安養国」といった世界が数多く語られている。平川彰によれば、「浄土」という用語が広く知られることとなったのはクマーラジーヴァ（鳩摩羅什。三五〇―四〇九。異説あり）による『維摩経』や『法華経』の翻訳だということである。それまでは、「仏国土」「極楽」といった翻訳語を使っていたのだ（クマーラジーヴァはわりと自らの豊かな感性によって翻訳をした人物）。

すなわち「浄土」は中国で整備された概念であるが、思想的にはインドの初期大乗仏教の「仏国土」がその原義であり、多くの仏についてそれぞれの浄土が説かれている。しかし中国・日本においては、浄土仏教の流行にともない、浄土といえば一般に阿弥陀仏の「西方極楽浄土」を指す。浄土仏教の成立時期は、インドにおいて大乗仏教が興起した時代である。紀元一〇〇年頃に『無量寿経』と『阿弥陀経』が編纂されたのを契機とし、時代の経過とともにインドで広く展開していく。浄土往生の思想を強調した論書として、ナーガールジュナの『十住毘婆沙論《じゅうじゅうびばしゃろん》』「易行品《いぎょうぼん》」、ヴァスバンドゥの『無量寿経優婆提舎願生偈《うばだいしゃがんしょうげ》』（『浄土論』や『往生論』などと略称される）がある。なお『無量寿経』『阿弥陀経』と合わせて、日本では「浄土三部経」と称される『観無量寿経』は、サンスクリット語の原典が発見されておらず、おそらく四世紀から五世紀頃に中央アジアで大綱が成立し、伝訳に際して中国的要素が加味されたと推定されている。こうしてみれば、浄土仏教は何層にも上書きされて次第に確立してきたことがわかる。

大乗仏教では、仏は法（普遍的な法則・真理）そのものでもあり、世界に満ち満ちているとし、すべては仏の表現・法の顕現だと捉えたので、土俗の信仰や神々とも融合していった側面をもっている。そして、仏には仏国土が必ずある。仏と国とは不二（身土不二）なのである。それは、いわば、ひとつの生命観・世界観・宇宙観の提示である。それに、「経典」を読めば、仏国土の描写はストゥーパ（釈尊のメモリアルタワー）のイメージが強いことがわかる。つまり、浄土とは、仏がそこにいる場のことなのである。いずれにしても、浄土信仰なしに大乗仏教は成立しない。ところが、浄土仏教は常に脇役なのである。

ともあれ、このように、浄土、往生、成仏、阿弥陀仏、念仏など、それぞれ多様に展開し、互いに関連しあって、浄土仏教の体系が紡がれていったのである。

次に挙げているのは、阿弥陀仏の浄土に生まれたいと願って念仏する衆生はすべて往生できることを誓い願う一文だ。

たとひわれ仏を得たらんに、十方の衆生、心を至し信楽《しんぎょう》してわが国に生まれんと欲《ねが》ひて、乃至《ないし》十念せん、もし生まれずば、正覚を取らじ。唯《ただ》五逆と誹謗正法《ひほうしょうぼう》を除く。

（『無量寿経』）

『無量寿経』における第十八番目の誓願である。浄土真宗では「王本願」などと呼ばれ、真宗の思想体系を支えている一文であると言ってよいだろう。

ちなみに、最後に「ただ、五逆罪と正法を誹謗するものは除く」とある。父を殺す・母を殺す・阿羅漢を殺す・仏身から血を出させる・僧伽《そうぎゃ》の和合を乱すといった「五逆罪の者」（大乗仏教の五逆罪は、これとは異なる立場もある）と、正しい法を誹謗する「謗法罪の者」は、阿弥陀仏の浄土へは往生できないということである。この部分については後述しよう。

## 4　阿弥陀仏による受容と自己の相対化

阿弥陀仏や西方浄土を説く浄土仏教は、釈尊のような人類史上出るか出ないかという宗教的天才とは違って、凡人のためにある仏道だ。凡人が苦悩の人生を生き抜き、死に切るためには、宗教的に受容されるという世界がなければならない。社会の価値観とは異なる宗教的価値体系により受容されることによって私たちは救われるのである。

仏教は智慧と慈悲の獲得・実践の道であるが、浄土仏教は、智慧による悟りよりも、仏の慈悲による信の仏教・救いに重心がある。阿弥陀仏は受容の象徴であり、浄土は受容の世界である。

このような仏教体系が紡がれてきた要因のひとつに「深層にまで透徹した人間観」がある。例えば初期浄土仏典の代表的経典である『無量寿経』（魏訳）には「五悪段」が説かれている。ここでは人間の罪業性や実存（現実存在のあり様）が徹底的に語られている。「五悪段」は、『平等覚経』（漢訳。誓願が二十四）や『大阿弥陀経』（呉訳。これも二十四願）、そして『無量寿経』（魏訳。四十八願）など、初期の阿弥陀仏経典に書かれている（サンスクリット原典も、前二経のような初期のものには五悪段がある）。ちなみに『無量寿経』の訳本は、古来「五存七欠」と言われ、十二訳あったが七訳は現存していないとされる。つまり、『大阿弥陀経』『平等覚経』『無量寿経』『如来会《にょらいえ》』『荘厳経』（翻訳順）の五訳があるわけだ。しかし、藤田宏達他『講座大乗仏教』によれば、十二もの訳があったかどうかは疑問だということだ（サンスクリット本に最も近いのは『如来会』であると言われている）。

『無量寿経』は上下二巻に分かれているが、「五悪段」は下巻の約半分に相当するほどの分量である。ここでは、人間の日常に鋭くメスを入れ、根源的な悪の問題に言及している。菊村紀彦編『親鸞辞典』では「この経典におけるほどに非情な現実の暴露を徹底したものはない。そのことは単に仏典内におけるのみでなく、他宗教を含めた現存のあらゆる宗教典籍においても、見出すことができない」と評されている。

浄土仏教は、まさに人間の闇に真っ向から対峙し、その上で浄土往生を願う者を受容する宗教的救済を語った仏道なのである。そしてそこにはすべての苦悩をそのまま引き受ける世界が開けている。

舎利弗よ、衆生聞かん者は、まさに発願してかの国に生ぜんと願《がん》ずべし。所以《ゆえ》はいかん、かくのごときもろもろの上善人と倶《とも》に一処《いつしょ》に会《え》することを得ればなり。（『阿弥陀経』）

これは『阿弥陀経』（鳩摩羅什訳）の一節である。同じ浄土に生まれて、また会える（倶会一処）、と述べられている。

またもう一度会える世界、それは「あると思うから信じる」とか「あるとは思えないから信じられない」などといった位相で語ることはできない。浄土仏教の仏道を歩み続ける中で、向こう側から開けてくる世界なのである。無数に語られる諸仏や浄土の中で、なぜ阿弥陀仏の浄土が突出して展開されることとなったのであろうか。それはひとつには、「阿弥陀仏の浄土」は仏典の中で丁寧に道筋が示されているからである。さらには、阿弥陀仏が「西方浄土」の仏であるということ、これが大きいと思う。西方とは、帰るところの象徴である。「西」という字は、「酉」と同じ起源で、帰っていく場所を表している。我々が帰っていく世界、それこそ阿弥陀仏の浄土なのである。

しかし、それは決して単に無条件に受容される世界というわけではない（ここが仏教!!）。仏と成るための世界なのである（成仏して智慧と慈悲を実践するのだ）。浄土を願生《がんしょう》（『法華経』では自ら願ってこの娑婆世界に生まれてくることと解するが、浄土仏教では阿弥陀仏の浄土へ生まれようと願うこと）する仏道を歩むことによって、阿弥陀仏が「私」という現存在を相対化する。浄土が今この世界を相対化する。阿弥陀仏の光に照らされるからこそ、闇がやぶられ、影がありありと浮き上がる。浄土があるからこそ、この世界を超える宗教的ナラティヴが生きる。すなわち、外部への回路が開く。外部への回路が開くからこそ、この世を生きぬける。死に切れる。それが浄土仏教なのである。

## 5　仏教の〈極北〉としての浄土仏教

大乗仏教の思想を完成させたと言っても過言ではないナーガールジュナは、仏教を「難行道と易行道」に大別した。前述した「智慧の仏道」と「信の仏道」といった感のある分類である。これを受けて中国仏教の大成者である曇鸞（四七六―五四二）は仏教を「自力」と「他力」に分けて体系化した。ここにおいて「他力の仏教」が大きく展開したのである。さらに、道綽（五六二―六四五）が「聖道門と浄土門」という聖浄二門判を確立する。

ここに挙げたのは親鸞の視点から見た浄土仏教の流れである。後述するように、親鸞はこの流れから善導が出て、法然が登場するとして、各師を位置づけている。親鸞にとって、阿弥陀仏の「悪人を救う願い」は、「その呼び声を聞いて、自分こそ悪人だったと気づく」という私自身の問題へとフォーカスされる。すべての人が救われて仏と成らねば法蔵菩薩は阿弥陀仏に成らないのであるから、私が仏に成らなければ阿弥陀仏は成立しないのだ（!）。かなり矛盾した関係構造であるが、この理路によって親鸞は「弥陀の五劫思惟の願をよくよく案ずれば、ひとへに親鸞一人がためなりけり」（『歎異抄』第十八条）と語ることとなる。この点は、阿弥陀仏が「造物主」や「主宰神」とはまったく相違する存在であることを表している。すなわち、アブラハムの宗教（ユダヤ教・キリスト教・イスラム教）などの「絶対なる神」とはまったく異質なのである。「絶対なる神」は、何ものにも依存せず・関係せず、そして決して変化することもない、唯一の存在なのである。たとえこの世界がなくても、人類がいなくても、存在する、まさに「絶対」なる神なのである。仏教用語を使えば、常一主宰（変化せず、滅びず、唯一であり、独立していること）の存在だ。仏教では、すべては関係性の中で成立し、刻々と変化し続ける、という立場に立つので、絶対なる神は否定される。阿弥陀仏もしかり、なのだ。

　自らの執着を捨てるため、出家という特殊な生活形態を重視していた仏教も、他地域へと拡大し思想体系が展開するにつれて、社会性や他者性も発達していく。つまり、「ごくごく稀な聖人だけの宗教ではなく、すべての人が救われる教えこそ仏法じゃないのか」という問いに対して向き合ったのが大乗仏教だと言える。

　その中でも、浄土仏教は、インドで芽がふき、おそらくギリシア文化などの影響も受け、中国でまとめられることとなる。そして、日本で完成した仏教、それが浄土仏教なのだ。日本の浄土仏教が行き着いた先は、「阿弥陀仏の願い・誓いを信じて念仏すれば浄土へ往生できる。往生すれば、即、仏と成る。そして、衆生救済のために仏として還って来る」、これがすべてである。このような仏道を成立させたのは、やはり法然だ。

平安時代後期、浄土仏教信仰が日本の死生観や宗教性において、大きな求心力をもった。その影響は民衆の生活や娯楽にまで及んでいる。折口信夫が「平安後期以降の芸能で、踊り念仏の影響を受けていないものを見つけるのは困難である」(『日本芸能史六講』より、筆者による取意)と評したくらいである。

浄土仏教が日本の民衆層において拡大する中、法然が登場する。そして、その法然の説いた教えを実践し、生き抜いた人物こそ親鸞である。親鸞は、法然の教えを「大乗の至極」と表現した。大乗仏教の中の大乗仏教。大乗仏教を極限において止揚した仏道。浄土仏教は、まさに仏教の極北である。

しばしば、「大乗仏教は仏教なのか」「少なくとも大乗仏教は釈尊が説いた仏教とは相違する」といった議論がある。いわゆる「大乗非仏説論」である。大乗仏教が釈尊滅後五百年近く経てから成立したものであり、大乗経典は釈尊が直接説いたものでないことは明らかである。となると、その大乗の極北中の極北である浄土真宗に至っては、「もはや仏教ではない」と評されるのも無理からぬ部分がある。

実は、大乗仏教が興ったときから、「大乗仏教は仏教なのか」という議論はあるのだ（もちろん、浄土真宗に関する議論はないが）。大乗経典には、しばしば「大乗仏教は間違いなく仏教である。いや大乗こそ真の仏教だ」といった主張が述べられている。当時から、大乗仏教は初期仏教の形態からかなり変化したものであることは意識され、また批判されてきたと思われる。

この議論に対して、「何をもって仏教とするのか」という前提から始まり、さまざまなアプローチや研究がなされてきた。しかし、管見を述べさせてもらえば、仏教は科学的事実を追及しているのではないのである。いかにこの苦悩の人生を生き抜き、死に切るか、その道を説く宗教だ。学術的研究においては、初期仏教と大乗仏教との相違を分析・調査することは重要であろうが、ブッディストにとってはそれほど大きな意味をもたない（と私は思う）。親鸞にとって、間違いなく他力の仏教はブッダの直説であったのである。

大乗仏教は、社会と関わり他者と関わるがゆえに、常に上書きされ続ける仏教である。こう言ってしまうと語弊もあり、誤解を招くだろうが、ずっと完成しない仏教なのだ。これに対して、上座部仏教はすでに完成している。私は上座部仏教のような保守・メインラインがあるからこそ、変化し続ける大乗仏教があると思う。双方は相互相依関係にあるはずだ。もし、上座部仏教がなければ、大乗仏教が保守と革新の二つに分裂したかもしれない。宗教・思想・倫理などというものは、常にコンサーヴァティヴなラインと、リベラルなラインがしのぎをけずり合うものなのである。メインストーリーがしっかりしていないと、サイドストーリーは輝かないのだ。

## 6 日本で成熟した浄土仏教

それまで常に脇役であり、バラバラだったパーツ（阿弥陀仏、浄土、念仏、法蔵菩薩など）の浄土仏教が、中国仏教によって整理されひとつの体系をもつに至る。

そして、法然はその脇役にスポットライトをあてて、仏教という舞台の中央へと引っ張り出すのである。なぜ法然はそのような大胆な「仏教の脱構造・再構築」を行ったのだろうか。それは、従来の仏教の枠組みからこぼれる人のためである。

その法然の仏教に、親鸞は自らの進む道を見出す。浄土という「帰るところのある人生」を生きる仏教。どうしても、仏教からこぼれる人のための仏教。普通にこの社会を生きる人のための仏教。そこでは出家・在家という生活形態も主要要素ではなくなる。仏教者のノーマライゼーションが進み、半僧半俗の形態がこれほど発達した国は日本だけだろう。

禅僧でありながらさまざまな書を著した鈴木正三（一五七九―一六五五）は「出家する必要などなかった。日々の生活自体が仏道だった」と語り、江戸時代の傑僧・白隠慧鶴（一六八五―一七六八）は「やがて、みんな、病人になる。我が身を他者に預けるということは〈出家〉

だ。つまり、誰もが〈出家〉するのだ」という恐るべき理路を打ち立てる。

　そういえば、浄土真宗とプロテスタントは、よく似ているとしばしば指摘され、比較研究も多い（このことはかなり早い時点から言及されており、戦国時代にやってきた宣教師たちも、浄土真宗を見て、「プロテスタントに似ている」「ルターの教えにそっくりである」と評している）のだが、プロテスタント・ムーブメントの起点のひとりであったルターは、「修道士などは、現世における義務から逃れる利己的行為だ」と語り、「世俗内禁欲」「万人祭司」を主張した。「自分の与えられた役目を誠心誠意尽くせ」「神の前では平等だから、職に貴賤なし」というわけだ。

　さて、釈尊がこの世に登場して千数百年を経て、仏法東漸の終着地で「凡人の仏道」が大輪の華を咲かせる。

　しかし、本書の主人公である親鸞という人物はちょっと一筋縄ではいかない。親鸞はその身のままで救われる仏の慈悲を喜ぶと同時に、仏道を歩めぬ我が身を深く嘆き悲しんだ人である。また、ルターのように、教団や教会を改革しようとしたインテリではない。這いずり回って生き抜いた非僧非俗の愚禿《ぐとく》（後述）であった。では、親鸞の信心における宗教的真実を追体験していこう。

# 第二章

# 親鸞の原風景

まずは親鸞の生涯を概観してみよう。これほど研究されている人物にも関わらず、意外と不明の部分が多い。親鸞は多くの著作や偈《げ》を書き残しながら、自らについてほとんど語っていないからである。

日本に仏教が伝来して以来、鎌倉後期に至るまでの仏教史や高僧の逸話を書き記した『元《げん》亨釈書《こうしゃくしょ》』（虎関師錬《こかんしれん》著）に親鸞は出てこない。また『八宗綱要』の著者である凝然による『浄土法門源流章』にも、法然や親鸞が流罪となった承元の法難について言及している藤原長兼『三長記』や藤原定家『明月記』にも、親鸞の名は登場しない。これらは親鸞がそれほど知られた存在ではなかったことの傍証と言えるかもしれない。なにしろ寺院を建立したわけでもなく、親鸞の仲間たちが集合して組織を作ったわけでもなかったのだから。

元禄時代に書かれた『本朝高僧伝』（卍元師蛮《まんげんしばん》著）にも、親鸞について書かれていない。この時代においては、すでに東西本願寺が大きな教線を誇っているので、師蛮が親鸞の名を知らないはずはない。しかし、『高僧伝』には取り上げなかったのである。それはとりもなおさず、禅僧である師蛮が親鸞を高僧として認めなかったことを表している。高僧とみなされることはなかった親鸞。自ら僧に非ず俗に非ずと位置づけた親鸞。明治期には、親鸞架空人物説まで論じられていたのである。

親鸞は一一七三年（承安三年）京都郊外日野に生まれている。一般には、幼くして両親を失ったため、九歳で青蓮院において後に天台座主となった慈円のもとで得度したとされている。その後、比叡山で二十年にわたり修学したものの、「生死出づべき道」(『恵信尼消息』)を求めて二十九歳で法然門下に入る。その後、法然教団弾圧事件で越後(新潟県)へ流罪、このときより自らを「非僧非俗」・「愚禿」と称するようになる。赦免後は京都には帰らず、常陸国(茨城県)を中心に著述や教化活動に専念する。しかし六十歳頃、親しんだ土地も知友も捨て、帰洛。九十歳という高齢で往生するまでの三十年余りを、生活に苦労しながら精力的に著述活動を行っている。大雑把に述べれば、そういう一生を送った人である。

## 1　不明部分の多い親鸞の生涯

少し丁寧にトレースしていこう。まず九歳で出家・得度している。父・日野有範は京都の郊外にある日野(現在の伏見区日野)に領地をもって朝廷に仕える人物であった。日野家は藤原氏の系統に位置する貴族である。有範の長子である範宴《はんねん》(後の親鸞)以下、四人の兄弟全員が出家している。貴族の子弟が出家することはめずらしくないが、兄弟全員が出家したとなれば稀な例と言わねばならない。なぜこのような事態となったのだろう。そもそもなぜ範宴は出家したのか、はっきりとわかっていない。

出家した際、叔父の日野範綱が付き添ったとされていることから、「父・有範が早逝したのがきっかけとなったのではないか」と推測されたり、「母が臨終に自分の亡き後を弔ってほしいと遺言したのが出家の動機」などと言われていたが、戦後に西本願寺の宝庫から発見された存覚《ぞんかく》（一二九〇—一三七三）による『無量寿経』書写本の奥書によって、父の有範は親鸞が成人した頃まで生きていたことが判明した。

真宗史学の碩学である平松令三は、「有範一家は、どうやら以仁王や〔源〕頼政と関係があったらしく、そのため平家方の厳しい探索を受け、みじめな境遇に追い込まれていたのではないか、と思われる節があるからです。有範公は息子たちがそんな闘争の中に巻き込まれないようにと、出家させたのではないか」という説を紹介している（『親鸞聖人絵伝』）。

曾孫の覚如によれば、範宴は「隠遁の志にひかれて」（世俗を離れる志を起こして）出家したと書き遺しているが、家系・親族など世俗におけるごたごたがきっかけだったのかもしれない。いずれにしても本人が書き残したり、誰かに語ったりしたものが残っていない以上、推測するしかないのである。ちなみに、範宴（俗名がそのまま出家者としての名となったと思われる）が青蓮院において慈円のもとで得度したというのも事実かどうか不明である。なぜならこのときはまだ青蓮院は比叡山の山中にあり、慈円はまだ青蓮院の門主にはなっていないからである。しかし、現在の青蓮院あたりにあった白川房という房舎に慈円が住んでいたらしいので、そこで得度したのかもしれない。

さて、出家後、親鸞は比叡山で二十年もの間どのような活動をしていたのだろうか。これも長く不明のままであった。親鸞の生涯における謎のひとつである。一部には千日回峰行のようなことをしていたという話も伝わっている。しかし、一九二一年（大正十年）に真宗史学者である鷲尾教導が、西本願寺に収納された書類の中から親鸞の妻・恵信尼の手紙を発見。それによって、「堂僧」であったことがわかった。

殿《との》の比叡の山に堂僧つとめておはしましけるが、山を出でて、六角堂に百日籠《こも》らせたまひて、後世《ごせ》のこといのりまうさせたまひける九十五日のあか月の御示現の文《もん》なり。

（『恵信尼消息』）

この手紙は親鸞の死後、恵信尼が末娘の覚信尼に送ったものであり、それによれば、殿（親鸞）は比叡山で「堂僧」を務めていたが、山を降りて六角堂で百日籠った。九十五日目の暁、自らの歩むべき道を知った、ということが述べられている。親鸞（当時は範宴）の比叡山における生き方は、ただひたすら「生死出づべき道」を求めたものであったと恵信尼は書いている。「生死出づべき道」とは、迷いや苦悩から離れる道である。ただそのことだけを一筋に求め、常行三昧堂で不断念仏を勤めていたのだ。この堂僧というのはあまり地位の高い僧ではない。『本願寺聖人親鸞伝絵』などで描かれていた「大僧正も嘱望されていたエリート僧」という伝承や、江戸時代に膾炙された「聖光院の門跡であった」といったことは史的事実ではなさそうである。

さて、二十年という長きにわたって厳しい修行・修学を実践した範宴であったが、六角堂での参籠を通して自らの進むべき方向性を模索する。そしてついには、法然のもとへと身を投じる選択を決意するのである。

その法然門下への歩みを決心する際、親鸞は六角堂に籠っている時、象徴的な夢を見たと言われている。それをひとつの線引きというか、契機としたのであろう。

この話は、一時期、単なる伝承視される向きもあったが、現在では間違いなく親鸞には夢による宗教体験があったことがわかっている。と言うのも、親鸞の夢について書かれた著作があったらしいのである。親鸞の有力な直弟子である真仏（一二〇九―六一）による記録に、「親鸞夢《しんらんむ》記云《きにいわく》」という一文がある（親鸞は「弟子一人ももたずさふらう」と語ったとされているが、親鸞に直接教えを受けた人物を後世では一般に直弟子と呼んでいる）。この記録は親鸞が生存中に書かれたものであり、『親鸞夢記』という著作があったことがわかる（『経釈文聞書《きようしやくもんききがき》』）。

中世人にとって夢は大きな意味があった。宗教者や仏教者においても、夢は自らの歩む道が間違っていないかどうかの指針となったのである。著名な明恵の『夢記』をもちだすまでもなく、さまざまな人物が自己の「夢」について記述し、あるいは分析や説明を加えている。なにしろ、浄土仏教はイメージやビジョンを重要視してきた歴史をもつ。特に「三昧」思想は大乗仏教の最初期から中心に位置づけられてきた。初期大乗仏教の般若波羅蜜・般舟三昧は、見仏体験に直結している。浄土仏教においても、救済者である阿弥陀仏をひたすらイメージし、その浄土を瞑想する、ついには身も心も如来と一体となる。何がしかの啓示的夢は、自己の歩む仏道における方向性が間違っていない、という証明なのである。例えば、法然は彼の人生を左右するような夢である「二祖対面」（善導との対面）を体験している。

親鸞も自らの夢に対して非常に真摯な態度で臨んでおり、人生の大きな転機には、必ずと言っていいほど夢が関わっている。『親鸞夢記』という書を著述するほど、親鸞の生涯も夢に彩られているのである。ここで伝えられている親鸞の夢をいくつか紹介しよう。

①まず、一一九一年（建久二年）、十九歳で、聖徳太子から「お前の寿命はあと十年だ」という夢を見たとされている。

聖徳太子（中略）告勅《ごうちょく》して言く
我が三尊は塵沙《じんじゃ》の界を化《け》す　日域は大乗の相応の地なり　諦《あきらか》に聴け諦に聴け我が教令《きょうりょう》を　汝が命根《みょうこん》は応《まさ》に十余歳なるべし　命終わりて速かに入《い》らむ清浄土に　善く信ぜよ善く信ぜよ真の菩薩を

（『親鸞聖人正統伝《しょうとうでん》』）

結果的には、十年後の二十九歳、親鸞はそれまでの自分を捨てて、法然のもとで生まれ変わることとなる。そして、範宴という名を、綽空《しゃっくう》と改めている。

②次に、二十八歳、一二〇〇年（正治二年）には、「如意輪観自在の像影現し、善哉善哉汝の願将《まさ》に満足せむとす　善哉善哉我が願また満足す」（同）という夢を見たとされる。そし

て、翌年、あの六角堂での参籠において、再び聖徳太子の夢によって大きな回心（conversion）へとブレークスルー（新しい一歩を踏み出す）するのである。恵信尼の手紙によれば、「山を出でて、六角堂に百日籠らせたまひて、後世をいのらせたまひけるに、九十五日のあか月、聖徳太子の文を結びて、示現にあづからせたまひて候（以下略）」（『恵信尼消息』）とあるが、夢の内容は不明である。

一般的には聖徳太子の本地である救世《くせ（ぜ）》菩薩によって、「お前が結婚することになる際には、私が女性の姿となってお前と一生添い遂げよう」と告げられたことになっている（次に挙げている引用文参照）。すごい夢である。フロイトが聞いたら、とても喜びそうな気がする。このことは前出の『経釈文聞書』や、覚如の『本願寺聖人親鸞伝絵』にも記述されているので、けっこう信憑性は高い。

> 六角堂の救世大菩薩、顔容端政《げんようたんしょう》の僧形《そうぎょう》を示現して、白納《しろきのう》の御袈裟を端座して広大の白蓮《びゃくれん》に服著せしめて、善信に告命《ごうみょう》して言く。「行者宿報《しゅうほう》にて設《たと》ひ女犯《にょぼん》すとも　我玉女の身と成りて犯《ぼん》せ被《ら》れむ　一生の間能《よ》く荘厳し　臨終引導して極楽に生ぜしむ」。救世菩薩誦《じゅ》してこの文を言く、この文はわが誓願なり、一切群生に説き聞かすべしと告命したまへり。この告命によて数《かず》千万の有情にこれを聞かしむと覚えて夢悟《ゆめさ》め了《おわん》ぬ。（『経釈文聞書』）

とにかく、親鸞はいくつかのきっかけを経て、ついに比叡山を降りて法然房源空のもとへと身を投じる。このことを、後に主著である『顕浄土真実教行証文類《けんじょうどしんじつきょうぎょうしょうもんるい》』（以後『教行証文類』と略す。一般に『教行信証』と通称されるが、呼称に関する筆者の見解は後述する）「化身土巻」に「しかるに愚禿釈の鸞、建仁辛酉《けんじんしんゆう》の暦《れき》、雑行《ぞうぎょう》を棄てて本願に帰す」と表現している。ほとんど自分に関することを書かない親鸞が宗教的大転換であることを自ら記しているのである。親鸞にとってはついに自ら歩むべき道と出会った思いであったろう。そして、親鸞は法然が説いた教え通りの仏道を生涯歩み続けたのである（考えてみれば、師・法然に教えを受けたのはわずか六年ほどである。二十九歳で法然門下となり、三十五歳には、法然が讃岐、親鸞が越後へと流罪になっている。その後、二人が再び逢うことはできなかった）。

③一二〇五年（元久二年）、三十三歳の綽空（親鸞）は、夢によって名前を改めたことを自ら書き記している。『教行証文類』「化身土巻」の終盤には、「又夢の告《つげ》に依《より》て、綽空の字を改めて、同じき日御筆《ひちを》もって名の字を書かしめたまひ畢《おわり》ぬ」とある。さて、では綽空という名を何に変えたのだろう。それは「善信」だろうと言われている。善信という名は『歎異抄』など随所に見ることができる（また、越後へと流罪になる際、還俗させられて「藤井善信《よしざね》」と名を押しつけられている。これも善信からきているのだろう）。しかし、そのときから「親鸞」を名乗り、「愚禿」と称するようになっている。こうしてみれば、何度か大きな転換期に名前が変わっている。ただ、善信は房号であり、三十三歳に改名してからは、善信房親鸞だったという説もある。

④そして、晩年近くなった八十五歳の親鸞（一二五七年／康元二年）には、「康元二歳丁巳《ひのとのみ》二月九日の夜寅時《とらのとき》夢に告げて云はく　弥陀の本願信ずべし　本願信ずるひとはみな　摂取不捨の利益にて　無上覚をばさとるなり」（『正像末和讃』）と、夢にインスパイア（触発）されて和讃を創作している。親鸞はこのような夢を見た喜びを自ら告白しており、もはや身も心も弥陀の本願と一体となっている実感が表出されたような印象を受ける。

夢を「自己の内面から沸き起こる魂の叫び」とするならば、これらの「夢記録」は親鸞の宗教的人格がいかに形成されていったか、あるいは彼の生きる方向はどこを向いていたかを知る材料である。親鸞にとって、強く印象づけられ大きな意味をもった夢は、すべて自己の内面や生きる方向に関するものであることがわかる。

## 2　一念と多念

親鸞が法然門下に入った時、すでに幸西《こうさい》・弁《べん》長《ちょう》・隆寛《りゅうかん》・証空《しょうくう》・聖覚《せいかく》・長西《ちょうさい》など、キラ星のごとき高弟たちがいた。そんな中、親鸞は法然から『選択本願念仏集』の書写を許されている。書写を許されたのは、（確認されているだけで）わずか十一名である。最初に法然の口述を筆記した安楽房遵西《じゅんさい》と真観房感西《かんさい》の二名。そして門下最長老の法蓮房信空《しんくう》。正信房湛空《たんくう》。常に法然に随行していたと言われる勢観房源智《げんち》。さらには成覚房幸西。後に鎮西派を形成する聖光房弁長。親鸞がとても尊敬していた長楽寺隆寛。現在の浄土宗西山派の派祖・善慧房証空。九品寺義の長西。そして親鸞である。親鸞は『選択本願念仏集』書写の許可について喜びあふれる筆致で書き残している。

その『選択本願念仏集』の終盤には「三選の文」が述べられている。称名念仏ただひとつを選び取るということに法然らしい明快な理路である。その称名だけを選ぶ道の根拠は、「それが阿弥陀仏の願いである」というものだ。阿弥陀仏は、我が名を称えよ、と願っている。その願いに相応しないことを実践してもダメなのである。これは法然が依拠した善導の論法だ。法然はこの善導の理論に出合うことによって、浄土宗を立てることができたのである。また法然にとって遺作となる『一枚起請文』では、さまざまな修行はすべて「南無阿弥陀仏にて往生する」に内包されると語り、「愚鈍の身となって往生する」と述べている。本来、智慧と慈悲によって成仏する宗教である仏教において、「愚鈍へと帰る仏道」を説いたのだ。まさに法然のまなざしは「一文不知の者」（修学も修行もできない弱者）が救われる仏道にあったことが知られる。というわけで、「念仏」は般舟三昧という高度な宗教体験が主であったものから、ただ南無阿弥陀仏と称える易行へとシフトしたのである。

さて、その称名念仏であるが、法然在世中から、「一念」と「多念」の論争が絶えなかった。法然門下は次第に分派していくが、この一念と多念という立場の相違は、分派の大きな要因のひとつとなった。

「一念」とは、「一回でも念仏すれば阿弥陀仏の誓願によって救われる」という主張であり、この立場を一念義と言う。どちらかと言えば、念仏よりも阿弥陀仏の救いに重心をおく立場である。これに対して「多念」とは、「数多くの念仏を継続することが肝要」という行為重視派である。この立場を多念義と呼ぶ。

少し詳述しよう。

一念義の特徴は、まず①「信心の重視」、阿弥陀仏による「救済の強調」を挙げることができる。逆に言えば、「称名の軽視」あるいは「称名の新しい位置づけ」傾向が強くなるということだ（その場合は、報恩のために称えるべきであるとする「報恩」説や、一念以後の称名を利他行とみなす「利他行」説などに展開する）。

次に、②「平生業成《へいぜいごうじょう》・現生不退《げんしょうふたい》」が強調される。日常において往生が決定するということであり（一声の称名を往生の業因とするため）、臨終業成と対照的に語られる。

また③として、「廃立《はいりゅう》の徹底」という特徴も挙げることができよう。徹底して称名念仏以外を排除するという態度を明確にする。

一方、多念義の特徴には①「称名重視」がある。生涯通じて退転することのない、数多くの念仏を主張する。そして、②「持戒的態度」も特徴的側面である。しばしば多念義の人たちは、一念義系の破戒的傾向を批判している。

また、③「臨終来迎・臨終業成」が挙げられる。つまり臨終にいたるまで怠ることなく称名をし続け（相続）、まさにその臨終時に往生が決定するということが強調されるのである。

## 3　親鸞は一念義か？

親鸞はその思想上の特徴から、一般に「一念義系」に位置づけられることが多い。一念義は、行為よりも内面を問う傾向が強く、その意味において親鸞思想の特性と一致する（第三章の「信行両座・信心諍論と神祇不拝」参照）。中村元は『日本人の思惟方法』の中で、「親鸞にいたって極頂に達した一念義の思想」と述べている。特に多念義系の論客からは、親鸞を一念義的邪義として非難する傾向が早くから見られたようである（中沢見明『真宗源流史論』、梯実円『法然教学の研究』）。比較的門下入りして日の浅かった親鸞が流罪に処せられたのも、一念義系であるとみなされたからであるとも言われる。実際、処罰されたのはほとんどが一念義系であった。また前述の「一念義の特徴」は、現在の真宗教団における教義と類似していることは明らかである。

親鸞自身はこの一念と多念の問題に関しては積極的に発言しており、『一念多念文意』という書まで著している。その中で、

「一念をひがごととおもふまじき事」（『一念多念文意』）
「多念をひがごととおもふまじき事」（同）

とタイトルをつけて、一念多念の区別などないことに論及している。しかし同著で、異

学・別解であると否定している対象は、どこか多念義的立場を指しているように思える。

一念多念のあらそひをなすひとおば、異学・別解《べつげ》のひととまふすなり。異学といふは、聖道・外道におもむきて、余行を修し、余仏を念ず、（中略）別解は、念仏をしながら、他力をたのまぬなり、（中略）助業をこのむもの、これすなわち自力をはげむひとなり、（中略）善根《ぜんごん》をたのむひとなり。（同）

念仏の道を選びながらなお不徹底である者は自力の人であって、自分とは別の道を歩む人だとしている。他力念仏一筋の道を歩まず、善根を積もうとする念仏者とは、しばしば多念義系に向けられた警告であった。

あるいは、親鸞思想における特徴のひとつでもある「仮《け》」という概念（第三章の「二双四重判と真仮偽判」参照）は、浄土仏教における自力の道という多念義系の存在が仮定されているのではないかと思われる。

例えば、「その真仮偽批判に於て、自性唯心に沈み定散の自心に迷う聖道門や浄土門自力諸行自力念仏者である末代の道俗近世の宗師を、浄土真宗他力念仏門の立場より批判し区別される意味では、（中略）つきつめて云えば、証空・幸西師等の主張についてすら仮門としての批判をなし区別され得るかも知れない」（石田充之『日本浄土教の研究』）という指摘がある。

つまり、親鸞の「真・仮・偽」という分類には多念義系統が念頭にあったのではないか、というわけである。以上のことを考えあわせれば、やはり親鸞は一念義系に分類すべきなのであろうか。

結論から言えば、親鸞はひたすら純粋な法然浄土仏教に立脚しようとしたが、決して一念義方向へとは進まなかった、と言える。それは、一念義は、前出の特徴以外に「秘儀化」「観念化」「破戒傾向」をもつものであったからである。このことを詳しく述べよう。

まず、親鸞が一念義へと偏向しなかったという論拠のひとつに、その内省的人間観がある。実は一念義には、前述した特徴②である「平生業成・現生不退」(他力の念仏を称えた時、往生は決定する)が極端に展開されて、「即身成仏」(その身のまま仏である)的傾向があるのだ。このことは石田瑞麿によって、「この一念は臨終の一念ではなく、平生の一念であるから、即身成仏的であり」(石田瑞麿「一念義と口伝法門」)と端的に指摘されている。また梯実円によれば、本覚法門(すべての人は本来、仏的存在である)と通じていることが知られるのである(『法然教学の研究』)。証空が『定散料簡義』などで衆生の有仏性・自性善を語っていることなどもその一端である。

また法然は、書簡で、一念義の徒は、罪業を痛み、慚愧する心もないことの誤りを批判している。

一念往生の義、京中にも粗流布《ほぼるふ》するところなり。おほよそ言語道断のことなり。（中略）
この悪の義には混すべからず。かれは懺悔の人なり。これは邪見の人なり。
（『越中国光明房へつかわす御返事』）

この法然による批判は、深い慚愧と内省の人である親鸞には当てはまらない。「悲しきかな愚禿鸞、愛欲の広海に沈没《ちんもつ》し、（中略）恥ずべし傷むべし」（『教行証文類』「信巻」）と嘆じ、苦悩し続けた親鸞と、批判されている徒とは大きな隔たりがあることは明白である。

また聖覚は、一回の念仏で事足れりとして念仏をやめる者たち（一念義）について取り上げている（『唯信抄』）。すなわち、一声の念仏で往生決定すれば後の念仏など必要ないとして、念仏よりむしろ自己の信仰態勢のほうを重視するこの説に対して、「ことばすぎたり」と批判している。法然も信心確定すれば念仏は無意味であると主張する一念義に対して非難を繰り返している。つまり一念義は、一念による往生決定以後の念仏を排除する方向へと進む傾向をもったものであるということになる。ゆえに、さらに「無念義」などという立場にまで至るのである（無念義は、念仏を不必要とした主張であったらしいが、その内容については不詳である）。この一念義という立場は、親鸞の姿勢とはまったく異なるものである。親鸞は、終始一貫して「念仏往生」と言い続けた。

浄土真宗のならひには、念仏往生とまふすなり、またく一念往生・多念往生とまふすことなし、

（『一念多念文意』）

信心決定以後の念仏についても、

往生を不定《ふじょう》におぼしめさんひとは、まづわが身の往生をおぼしめして、御《おん》念仏さふらふべし。（中略）世のなか安穏なれ、仏法ひろまれとおぼしめすべしとぞ、おぼえさふらふ。

（『御消息集』）

と手紙に書いて、生涯通じて念仏する立場を明らかにしている。

むろん、多念義の廃悪修善《はいあくしゅぜん》（悪を為さず、善を修する）や専修賢善《せんじゅけんぜん》（修行や修学に専念して、善根を積むこと）的要素は、親鸞の立脚点とは相反するものであることは言うまでもない。その点では多念義と立場を異にするが、少なくとも親鸞は念仏を多い少ないといった数では捉えていないのである。親鸞の視点は、法然が初期教団において提示した「平等なる救済を軸とした仏教」、さらには「悪人のための仏教」にあったのではないか。

指導者である法然自身は、次第に一念義的な他力強調的言説を抑制してゆく。なぜなら、一念義には一神教的排他性や過激さをもつ危うさがあるからである。法然はこのことを危惧

し、何度も門弟に訓戒している。その点、多念義は悪を為しても念仏さえ称えれば救われるなどと主張した一部の一念義の人々に比べれば、戒律や修善的な倫理面において問題が少ない。法然門下は、多念義が多数派となっていく（ちなみに、法然門下は多くの系統に分裂をしていくのであるが、その中でも「四門徒五義」と呼ばれる信空の白川門徒、親鸞の大谷門徒、湛空の嵯峨門徒、源智の紫野《むらさきの》門徒、そして長西の九品寺義、弁長の鎮西義、証空の西山義、幸西の一念義、隆寛の多念義などが大きな流れを形成している）。

その中で親鸞は自己の体験に基づいて、一念義にも多念義にも偏らないことの重要性を認識していたはずである。おそらく、親鸞は（法然の本義から言えば）一念義も多念義もバランスを崩してしまっており「一念か、多念か」という視点自体が本質を見失っていると考えていたに違いない。だからこそ『一念多念文意』において双方のバランスを重視した文章を著したのである。

そもそも世界のさまざまな宗教において「観念か、実践か」的な命題は、常に問われる論点のひとつである。そして、やはり一方に偏らないことが肝要なのであって、その点、親鸞の個性的なバランス感覚がどのあたりにあったかは再考されねばならないところである。

今なお、一念義系統・多念義系統と類型されることが多い日本浄土仏教思想であるが、実は当事者である隆寛も証空もまた聖覚も、前述のように親鸞も「一念、多念ということは決してないのだ」という内容の文章を書き残している。つまり法然の高弟たちは、一念多念という視点から法然の教えを捉えることの誤りを認識していたことは確かである。

ただそれぞれの立脚点はやはり微妙な違いがあり、幸西や証空のように他力救済の強調へと重心が寄ってゆくものもあれば、幸西のように極端な一念義を説いたと言われる人物もいる。あるいは聖覚や親鸞のように純粋他力型を志向しながら、絶妙のバランスによって一念義の範疇に入らないものもいる。弁長のように全面的な他力を否定し仏道としての念仏を主張するものもあれば、隆寛のように称名強調にウェートをおきながら一多不離相即というやはり見事なバランス感覚をもった人物もいたのである。

全体像を概観すれば、親鸞の一念多念問題における微妙なる均衡は多分に個性的なものであり、これを後の教団がうまく教義化できたか否かはまた新たな問題点である。というのは、教義体系にしてしまうと親鸞思想のダイナミズムは平板化してしまう。宗教性というものはもっと多面的なものである。教団が「これぞ正統である」と定めねばならないのは、避けがたい姿勢ではあるものの、親鸞思想をひとつの枠組みに納めることは困難である。なぜなら、後述するように親鸞は、言語化するのがとても難しい「光と影の緊張関係」を抱え続けた人物だったからである。

## 4 所行派と能行派

この一念と多念の問題は、「信心か、称名か」という問題にリンクしている。すでに述べたように親鸞は一念義も多念義も偏向していると考えていたと思われる。しかし、親鸞が「他力の信心」を強調した根底には、「多念義的浄土仏教」への懐疑はあっただろう。同様の視点から、幸西は、『玄義分抄』の中で、

また多念の機は多く、一念の機は難く、化土の機は多く、報土の機は難く、別願の機は多く、一乗の機は難中の難、この難に過ぐるは無きなり。

としている。つまり一念義こそが法然浄土仏教の真意であるのに、その道を行く者は少ない、と言っているのである。

確かに多念義の主張は、仏教という宗教的特性からの視点で言えば、一念義と比較して問題となる点は少ない。つまり、多念義は従来の仏教とバッティングする部分がほとんどないのである。仏教のメインラインからはずれることなく教義を組み立てやすい。しかし、そうなると法然浄土仏教のラディカルな面（称名念仏によって誰でも往生できる）がやや削《そ》がれてしまう感は否めない。例えば、称名の多少により往生の果報に九品《くほん》の差別があると主張するとなると、やはり法然仏教の本義が損なわれるのではないだろうか。多念義系だと言われる弁長

は、穢土における念仏定散諸善等の行業《ぎょうごう》の浅深による三輩《さんぱい》九品の差があることを述べているのである。つまり、修行の浅い深いによって上輩の人生と下輩の人生があるというわけである（『浄土宗要集』）。さらに隆寛も、「五逆を捨てず、十悪を捨てず、（中略）いわんや善人の一念十念においてをや、いかにいわんや信者の尽形《じんぎょう》の称名においてをや」（『極楽浄土宗義』）とあり、善人の称名を上位におく。その個人の修養によって来迎や浄土に差があるというのである。

さらに多念義は、廃悪修善的傾向をもつ。つまり、破戒より持戒、在家より出家、悪人より善人であるほうがより上位の往生が可能であるとする。従って、念仏修行においても助業を積極的に肯定し、五念四修（称名念仏を中心とした五つの行と、称名念仏だけを生涯通じて修する四つの態度）を奨励する。

誠にもって心に持つ所は、四修三心なり。（『末代念仏授手印』）

と弁長は述べている。つまり、称名念仏以外も積極的に修することが強調されているのだ。

この点においても、法然の「選択《せんちゃく》廃立」（二つのものを比較した上で一つを選び取り、他を捨て去ること）の姿勢が緩められている（南都・北嶺を中心とした法然門下への批判が大変厳しかったため、戦略的に折り合っていった部分もあったのだろうが）。その意味では、弁長たちの浄土仏教は、従来の仏教と共存可能である。

一念と多念の話が長くなってしまった。しかし、親鸞思想の立ち位置を知るには必要な道筋である。

ついでと言ってはなんだが、「所行派」と「能行派」についてふれておきたい。現在の真宗教学を知る上で欠かせない論点であるからだ。

あたかも一念義と多念義との対立が姿を変えて続いているかのように、阿弥陀仏の救いを重視する「所行派」と、他力の称名念仏を重視する「能行派」との論議を知っていると、真宗教学を理解する一助となる。

所行派・能行派と言っても、多系統にわたるが、大雑把に言うと「すべて名号（南無阿弥陀仏）の働きである」とする立場を所行派という。芿薗《せいえん》学派が有名だが、龍華《りゅうげ》学派や空華《くうげ》学派が所行派に分類される。現在の本願寺派教団は、空華学派が主流であり正統派に位置づけられる。

これに対して、「南無阿弥陀仏と称える」ことに重心をおく立場が能行派である。筑前学派が極端な能行派だと言われている。また越後学派や石泉学派や豊前学派や高倉学派が能行系とされる。大谷派教団は、高倉学派が主流となっている。

## 5　仏に背き続ける自己

仏に背き続けるおのれの現実存在、その徹底した自覚こそが親鸞の生きざまであった。そして、そのような自分だからこそ阿弥陀仏の救いは成立するのだと語っている。なんと、矛盾した思想構造であろうか。このあたりに親鸞が曇鸞に惹かれる理由があるのかもしれない。『教行証文類』を一読すれば、親鸞がいかに曇鸞の思想を足がかりにしていたかを読み取ることができるはずである。

一方、法然は「偏依《へんね》善導一師」と自ら宣言しているほど善導に依拠していた。このことは明白である。そのため法然思想は、善導が重視した『観無量寿経』に重心がある。

しかし親鸞が最も重要視したのは『無量寿経』であった。これはヴァスバンドゥ（天親）の『無量寿経優婆提舎願生偈』（『浄土論』）及び曇鸞の『無量寿経優婆提舎願生偈註』（『浄土論註』と略称）に大きく依存しているからである。

かなり私の主観的な印象であるが、善導の理論はまことにすっきりしている。カミソリのような切れ味とはこのことだろう。合理的であり、思想体系も明確だ。使われる譬喩も、的を射ている。これに対して曇鸞の著作は、どうもモタモタしている。話が行ったり来たりして、矛盾も多い。曇鸞の譬喩はなんだかピンとこない。しかも、「煩悩がそのまま悟りである」などと語る。これは大乗仏教においてひんぱんに使われる言葉ではあるが、親鸞の心に届いたのはこのような曇鸞の語りだったようだ。

親鸞は、自己の抱える影から眼を逸らすことなく、「悟り」も「救い」もすっきりと語ることができず、むしろ救いに背き続ける自己を見い出し、

悪性《あくしよう》さらにやめがたし　こころは蛇蝎《じやかつ》のごとくなり　修善も雑毒《ぞうどく》なるゆへに　虚仮《こけ》の行とぞなづけたる

（『正像末和讃』）

愚禿が心は内は愚にして外は賢なり。

（『愚禿鈔』）

と、どこまでも仏とは異質であることを自覚し続けるのである。そして、絶対に異質だから同一なのだ、異のまま同、という論理は（法然の思想系統上で語るならば）まさに曇鸞のものなのである。

「生死即是涅槃」

（『浄土論註』下巻）

「不断煩悩得涅槃」

（同、上巻）

曇鸞のこの思想は親鸞の心を捉えたに違いない。「仏に背き続ける自己」の自覚は親鸞の体験から出た実感であろう。親鸞の生涯は、阿弥陀仏の救いと、それに背き続ける自己との相克に彩られている。

## 6 流罪

話を親鸞の生涯にもどそう。

一二〇四年（元久元年）、比叡山の衆徒から法然教団に対して「専修念仏を禁止すべきである」という声が挙がった。そんな批判に対して、法然は「他宗の人との論争を禁止」「他宗の教えを非難しない」など、『七箇条制誡』を記し、百九十名の門弟がこれに署名して、事態を収拾する。綽空（親鸞）も八十七番目に署名している。

翌年、今度は南都・興福寺から『興福寺奏上』が朝廷に提出される。「勝手に新しい宗派を立てている」「阿弥陀仏以外の仏を礼拝しない」「他宗の教えを軽んじている」などの過失があるというのである。起草者は南都仏教の改革に尽力した解脱房貞慶だ。

同じ時期、後鳥羽上皇の留守中に法然の弟子遵西（安楽房）・住蓮たちが女官を出家させたことで、上皇の怒りをかい、ついには法然・親鸞など八人が流罪、安楽・住蓮など四人が死罪ということとなる（「承元の法難」）。このことについて、親鸞自身「主上臣下《しゅじょうしんか》、法に背き義に違し、忿《いかり》を成し怨《うらみ》を結ぶ。これによりて、真宗興隆の大祖源空法師、ならびに門徒数《かずの》輩《ともがら》、罪科を考へず猥《みだ》りがはしく死罪に坐す。あるいは僧儀を改めて、姓名《しょうみょう》を賜ふて遠流《おんる》に処す、予はその一つなり。しかればすでに僧にあらず俗にあらず、このゆえに禿《とく》の字をもって姓《しょう》とす」と、主著である『教行証文類』「化身土巻」に書き記している。「上皇、天皇、臣下の人たちは、正しい道に背き、道理からはずれ、個人的な怒りや怨みでこのような処分を下した。そのため真の仏教を興隆された法然上人や門弟たちは罪もないのに処罰を受け、死罪となった。私もその中の一人である。もはや、私は僧侶でもなく、俗人でもない。ゆえに禿の字を姓とする」といったところだ。つまり親鸞は、流罪を機に「非僧非俗」という立脚点に立つこととなるのである。

また『歎異抄』の最後には、この事件によって誰がどのような刑に処されたかが詳述されている。そしてこのときから親鸞は、僧に非ず俗に非ず、ただ愚かな一人の人間（愚禿）と称するようになったことも記載されている。なぜ『歎異抄』の作者（おそらく河和田の唯円）はこのような記録を著作の末尾に掲載したのだろう。もしかすると流罪に処せられたのは親鸞が法然浄土仏教を継ぐ人物であったからだ、という証《あかし》の意味があったのかもしれない。『歎異抄』は、室町時代の本願寺門主であった蓮如が、誰れ彼れみだりに見せてはならぬと警告した書である。それほど誤解されやすい記述があるということだろう。

一方、親鸞の曾孫である覚如が書いた『本願寺聖人親鸞伝絵』には、「もし流刑にならなければ、越後の人々にお念仏が伝わることもなかった（これもひとつの機縁である）」という解釈が述べられている。親鸞が流罪に処せられたことによって、当時の僻地にも他力念仏の教えが伝わった、と合理化された解釈をしているのである。

ところで、親鸞の流罪地における生活は、どのようなものであったのだろうか。史料がないために詳しく知ることはできないが、おそらくは一日一日を暮らすのが精一杯の生活、そして念仏の日々だったのではないかと思われる。流罪地で子供も生まれており、家族とともに罪人としての日常を送っていたのである。そして、一二一一年（建暦元年）十一月に赦免となっている。五年近い刑期が終わったのだ。しかし、わずかその二ヶ月後には法然が八十歳で往生しており、親鸞はすぐにその知らせを受けたようである。覚如の『拾遺古徳伝』によれば、師の往生を知って、親鸞は帰洛（帰京）せずに越後にとどまる決心をしたということである。確かに法然の往生は親鸞に大きな影響をもたらしただろう。とはいえ、親鸞がなぜ帰洛しなかったのかはよくわかっていない。赦免の後、すぐに明信《みょうしん》（信蓮房）が生まれているので、このことも一因になったのかもしれない。

越後に三年とどまった後、親鸞とその家族を含む一行は常陸国（茨城県）へと向かう。

新潟県には「逆さ竹」（枝が下向きに生える竹。天然記念物に指定されている）や「焼鮒《やきふな》」（焼かれた鮒を親鸞が池に放すと生き返った。その後、鮒の形が木の枝に現れた）など、「親鸞の越後七不思議」と呼ばれる伝承が残っている。あまり真宗の教義や親鸞思想の本に書かれる話ではないが、こういう奇瑞譚が各地に残っているのは（個人的に）大切だと思っている。宗教というのは連綿と語り継がれていく宗教的ナラティヴ（代替不能な物語）が支えている部分を軽視してはならないと考えているからである。すでに述べたように、親鸞という人物は自らのことについてほとんど語っていない。またその高い思想性と実存への視点から、近代思想や宗教哲学の分野において高く評価された。しかし、日本各地に残っている親鸞への憧憬とその思いを伝える奇瑞譚こそ、親鸞の息づかいを感じることができるように思うのだ。

例えば、親鸞には善光寺あたりにも多くの伝承がある。流刑地であった越後国府は善光寺に隣接する地域であるから、親鸞伝説があっても不思議ではない。しかし、五来重《ごらいしげる》などは、親鸞は善光寺の念仏聖や勧進聖たちと深い関わりがあり、常陸へ向かう際にも彼らが同行したのではないかと推理している。民俗学的な視点から親鸞を再読するのは今後の課題だろう。平松令三も、鎌倉時代には「聖《ひじり》」（定住しない宗教者）は大変活躍した存在であり、その潮流と親鸞グループの展開との関係について言及している（『親鸞の生涯と思想』）。

## 7　稲田での生活と突然の帰京

さて、親鸞と言えば「家族をもった僧侶」として異彩を放っている（親鸞がとても尊敬していた兄弟子・聖覚も家族をもっていた）。

しかし、妻が恵信尼だけだったのか、妻帯の時期はいつなのか等については諸説ある。かつて親鸞の妻は、法然に帰依した九条兼実の娘・玉日《たまひ》であると伝えられてきた。しかし、現在では三善為教《ためのり》の娘・恵信尼が妻であったことが確定している。そのため、「玉日架空人物説」「玉日・恵信尼同一人物説」「複数の妻がいた説」などがある（菊村紀彦・仁科龍『親鸞の妻・恵信尼』、今井雅晴『親鸞と恵信尼』参照）。

親鸞は、妻との間に四男三女をもうけている。『日野一流系図』によれば、「範意《はんい》」（印信・

月輪殿）、「小黒女房《おぐろにょうぼう》」（恵信）、「善鸞《ぜんらん》」（慈信房）、「明信」（栗沢信蓮房）、「有房《ありふさ》」（益方大夫入道）、「高野《こうや》禅尼《ぜんに》」、「覚信尼《かくしんに》」となっている。七子の母がすべて恵信尼かどうかも不明だ。なにしろ結婚の形態も概念も現代とはかなり相違するのである。

ちなみに、現在では、恵信尼との結婚は流罪先の越後ではなく京都で、という説が有力である。かつては、「流罪地へ単身で行ったはずなのに、京都で結婚したはずがない」と言われていたが、当時の流罪は「妻を同伴すべきである」（「獄令」第十一条）という主旨の規定があったことや、「恵信尼の手紙を分析した結果、京都で生まれ育ったと思われる」ことなどがその根拠となっている。

ところで、その恵信尼の手紙には興味深い話が書かれている（『恵信尼消息』）。親鸞が越後から常陸へと向かう途中、上野国（群馬県）佐貫に滞在したときのことである。苦悩する人々への幸せを願って「浄土三部経」（『無量寿経』『観無量寿経』『阿弥陀経』のこと。法然が選定した）を千回読もうと思い立ち、実践する。しかし、親鸞は結局その行為を途中で断念するのである。その行為が、自らの執着心に起因していることに気づいたからであるという。そして、また十七年後、再度、今度は常陸の地で佐貫において中止した読経を志そうとする（やはり断念）。

注目すべきは、そのことを親鸞自身が、六十歳を目前にした年齢になってから夢に見ているのである。一二三一年（寛喜三年）、親鸞は風邪のために高熱にうなされる。寝込んで四日目の明け方、「まはさてあらん」（「まあ、そうであろう」「本当はそうであろう」など解釈が分かれている）という声に妻の恵信尼は「どうなされました、うわごとでもおっしゃられましたか」と声をかける。親鸞は「経典の文字がはっきりと見えた、これはかつて千回読誦《どくじゅ》のことに関する執着によるものであろう」と語ったという。そのことを恵信尼は手紙に書き残している。

親鸞にとって、さまざまな思いが交錯する出来事であったからこそ、妻にも語り、妻は印象深く覚えていて、手紙に書き残したのである。親鸞は、苦悩する人々に何とか寄り添おうとする思いと、手も足もでない事態に対しての忸怩たる思い、そして根強い自力的執着、仏の誓願へと身をまかせきれない自分……。

齢六十となっても、夢に経典が現れ、それが執着であるとする親鸞。かたわらに寄り添う妻。……やはり、「高僧」という感じがしない。そういえば、「安城の御影」（親鸞八十三歳時の肖像画）も、猫皮の草履と狸皮の敷物、鹿杖と愛用の火桶（火鉢）が描かれているなど、僧侶の肖像画としては異質である。

さて、前述したように、おそらく複合的事情があって、親鸞たち（家族や仲間）は、現在の茨城県の稲田に腰を落ち着ける。稲田での生活は、親鸞の生涯において最も充実した時期のひとつだったと言える。

多くの仲間たちが集った。「仲間」と表現したのは、親鸞が門弟たちと「師弟」ではなく「同行《どうぎょう》・同朋《どうぼう》」という関係性を構築していたからである。有名な「親鸞は弟子一人ももたずさふらう」（『歎異抄』第六条）という言葉に表されているように、「自分が導くのであれば師であり弟子であろうが、我々は如来に導かれる同じ仲間である」という立脚点なので、弟子ではなく同行なのである。

この稲田の草庵に住んでいた頃の有名な逸話に次のようなものがある。親鸞のもとへあまり人々が集うので、自分への信者が減ったことを怨んだ山伏・弁円は親鸞の殺害を計画する。弁円が親鸞の命を狙って稲田の草庵を訪れた時、親鸞は何の警戒もなく素のままで面会に応じた。そのあまりの自然な振る舞いと、柔和な顔を見るうちに、弁円の殺意は消え、親鸞を襲おうとしたことを後悔した。弁円はその場で、山伏をやめて念仏に帰依し、出家したという。仏教には「感応道交」という言葉がある。自他の境界を超えて直結することである。「はからいを捨てた」親鸞の姿には、弁円も振り上げた拳を降ろさざるをえなかったのかもしれない。この話、多分に伝承や脚色の部分はあろうが、弁円は明法房（一一八四―一二五一）と名を変え、二十四輩（後の人が「親鸞の教えをきちんと継承した人々」を二十四名選んだ）の一人に数えられている。親鸞の手紙には、明法房の浄土往生について語った部分が残っている。

明法御房《みょうほうのおんぼう》の往生のこと、おどろきまうすべきにはあらねども、かへすがへすうれしく候ふ。

（『親鸞聖人御消息』）

ここには、明法房が往生したことを聞いた驚きと、同じ道を歩む者としての喜びが語られている。親鸞、八十歳の頃の手紙である。

稲田での生活は、信頼、つながり、そして確かな教えが花開いたものだったと思われる。だからこそ、真仏をはじめ多くの（親鸞の教えを引き継ぐ）中心的同朋が登場するのである。ただ、現在の真宗教団は西日本に大きく展開しており、関東以北では教線が弱い。真宗寺院は全国に二万一千ヶ寺以上あるが、大都市東京を含め、関東・東北地方を全部含めても、千三百数十ヶ寺しかない。これはどういうことだろうか。親鸞の手紙には「念仏が禁止されたり、広まらないということは、念仏のご縁が薄いということなので、他所へと移動するのがいい」（『親鸞聖人御消息』）といった趣旨が述べられている。平松令三は、親鸞は教団や宗派として組織化することを考えておらず、むしろみんなで集団となることを避けるように指示していたのであり、そのため関東において地縁性が低かったのであると指摘している（『親鸞の生涯と思想』）。こういった事情が遠因となっているのかもしれない。

さて、親鸞は六十歳頃（当時としてはけっこうな高齢である）、東国の仲間たちと土地を捨て、突如として帰洛する。なぜ親鸞は京へと旅立ったのだろう。あたかも彼の「常に着地しない人生」を表しているかのようだ。これまた感覚的な話で申し訳ないが、親鸞にはこのような生き方しかないような気がする。遊行するわけでもなく、定住するわけでもない。どこか、着地を拒否するような道を選ぶ。非僧非俗という道の一端とも言えるだろうか。

しばしば、親鸞の帰洛は『教行証文類』を完成させるため、と指摘されている。京都に行かねば入手できない経典や論釈書があった、ということである。まあ、実のところはよくわからない。

ただ、親鸞が帰洛してから生活するのにかなり苦労したのは確かである。見方によっては、ずいぶん寂しい晩年を迎えることとなってしまう。帰洛後の親鸞は五条西洞院に住んでいたが、八十三歳の時、火災に遭う。そこで三条富小路にあった弟・尋有の里坊である善法坊に身を寄せていたようである。『親鸞聖人門侶交名牒《もんりょきょうみょうちょう》』によれば、帰洛後、身の周りに居た仲間は、わずか八名。そのうち、五名は肉親・親類、一名は重複記載だと言われているので、京都でできた同行はわずか二名である。つまり、親鸞は帰洛後にほとんど教化活動はしなかったと思われる。ひたすら著述活動に終始する老親鸞の姿が眼に浮かぶようである。

しかし、残っている同行宛ての手紙には「同じ道を歩む」「また浄土で会う」といった宗教的つながりの強さをうかがうことができる。その宗教的つながりが親鸞の思想を下支えしていたのではないだろうか。なぜならそれこそが浄土仏教がもつ強さだからである。

親鸞が帰洛した後、東国（関東）ではそれぞれリーダーシップを発揮した人たちを中心として、いくつかのグループ（門徒）が生まれた。下野国高田の真仏・顕智（一二二六―一三一〇）を中心とする高田門徒、下総国横曽根の性信を中心とする横曽根門徒、常陸国の布川《ふかわ》門徒や鹿島門徒、武蔵国の荒木門徒、陸奥国の浅香門徒や伊達《だて》門徒などが有名である。

そんな中、親鸞の息子・善鸞が京都から関東に赴き、活動を開始するが、次第に自らの解釈を展開して独自の教団を率いるような形態となっていったようである（このあたりはよくわかっていないのだ）。結果的に、親鸞は善鸞を義絶する（親子の縁を切る）決断をして、そのことを広く同行に知らしめた。

いまは親といふことあるべからず、子とおもふことおもひきりたり。三宝・神明《しんめい》に申しきりをはりぬ。かなしきことなり。

（『親鸞聖人御消息』）

という手紙が残っている（ただ直筆の手紙が残っていないので、この出来事について疑問視する説もある）。善鸞は「自分は息子だから、父・親鸞から特別の教えを伝えられている。それは他の人々には明かされていない」といったことで人々の歓心を集めたようである。しかし、親鸞

## 8 善鸞義絶、そして往生

はそんな人物ではない。親鸞が息子だけに何かを秘伝するなどということは一切なかっただろう。息子に秘伝するような人間が、「御同行・御同朋」（同行・同朋に御という敬称をつける）などといった視点をもつとは思えない。また、『歎異抄』第二条には、念仏して阿弥陀仏に救われるということ以外「別の子細なきなり」（何ひとつ隠すことはない）と明言した逸話も載っている。

実は善鸞は親鸞の老後をかなりサポートしていたのだ。その善鸞を親鸞は、「浄土仏教の教えをゆがめた」と義絶するのである。実の親子が袂を分かつというだけでなく、別々の信仰の道を歩むこととなり、さらには親鸞及び彼の周りにいる者たちは困窮に追い込まれる、そんなさまざまな意味合いを含んだ上での義絶である。八十歳を超えた親鸞にとって、悲しくも厳しく辛い出来事であったに違いない。しかし、親鸞は血縁（血による結びつき）よりも法縁（仏法による結びつき）を選んだのだった。

この出来事に直面しても、親鸞の筆が止まることはなかった。いやむしろ、自らの内面をすべて吐き出すかのごとく、『一念多念文意』『大日本国粟散王《ぞくさんおう》聖徳太子奉讃』『如来二種廻向文』『上宮太子御記』『尊号真像銘文』『弥陀如来名号徳』を著述し、数多くの和讃（和文の讃仏偈。親鸞は自らの信仰や布教の言葉を、今様《いまよう》という多くの人々を魅了した流行の形式で書いている）を創作、そして今までの著作を加筆修正している。五十二歳くらいで一応完成したと思われる『教行証文類』（真宗教団はこの年をもって立教開宗と考えている）にも、繰り返し筆が入っている。

ここで、主な親鸞の著作を紹介しておこう、漢文としては『顕浄土真実教行証文類』『浄土文類聚鈔《じゅしょう》』『愚禿鈔』『入出二門偈頌《にっしゅつにもんげじゅ》』などがあり、和文では『三帖和讃』（『浄土和讃』『高僧和讃』『正像末和讃』）『三経往生文類』『尊号真像銘文』『一念多念文意』『唯信鈔文意』『如来二種廻向文』『弥陀如来名号徳』などがある。師の法然がほとんど著作しなかったのに比べて、多作の人であった。

親鸞が八十五歳の時の手紙にこんな一文がある。

よくしられんひとに尋ねまうしたまふべし。またくはしくはこの文《ふみ》にて申すべくも候はず。目もみえず候ふ。なにごともみなわすれて候ふうへに、ひとにあきらかに申すべき身にもあらず候ふ。よくよく浄土の学生《がくしょう》にとひまうしたまふべし。あなかしこ、あなかしこ。

（『親鸞聖人御消息』）

この手紙は、ある人物からの質問に対しての返信である。まずは前半、質問に対して丁寧かつ的確に、理路整然と応答した上で、「この手紙に一応詳しくは書きましたが、よくお浄土について学んでいる人にお尋ねください。もう私はご存知のように老いてしまいました。眼もよく見えません。なにごとも忘れてしまいました。人さまに教えを説くような身ではございません」（著者による取意）と書いている。

なんともいえず深い味わいがある。うまく表現できないが、親鸞が「老い」を静かに引き受けている香りが漂っている気がする。どこにも力みがなく、行間からは自然の風景を観じているがごとき体で自らのありようを語る雰囲気が読み取れる感があるのだ。

このように自らの老いを語る一方、親鸞は九十歳の生涯を閉じて往生するまで精力的な著述活動を続けた。「愚禿悲歎述懐」のような緊張感あふれる和讃や、近代哲学で高く評価された「自然法爾章」を書いたのはなんと八十六歳の時である。

一方では自らの老いをあるがままに引き受け、一方では「浄土は恋しからず候」と語る。なんて一筋縄ではいかない人物なのか。書いていて辛くなってくる。私ごときの筆力ではいかんともしがたい。歯が立たないのである。

しかし、考えてみれば、「生きる」ということは、すなわち一筋縄ではいかないということなのである。理屈で割り切れないことばかりだ。念仏して浄土へ往生させていただく身を喜ぶという教えの中で、這いずり回りながら生にしがみつき、アンチエイジング（加齢への抵抗）を試みる。仏の教えと日常の狭間でのたうち、宙づりにされる、それが「私」という存在の実相である。それが「生きる」ということである。「私」という存在と向き合えば向き合うほど、どこにも着地できない苦悩が突きつけられるのだ。親鸞の非僧非俗という立ち位置とは、そこから決して眼を逸らさない厳しい仏道である。「難信」とはよくぞ言ったものだ（『教行証文類』や「和讃」など随所に出てくる言葉。『阿弥陀経』に「難信の法」とある）。

しかし、その中で、確かに確かに生と死を超える世界が開かれる。親鸞の手紙からはその実感が伝わってきて、筆者の宗教性は揺さ振られる。

例えば、親鸞はかくねんばう（覚然房？）という人物が今生の息を引き取った時に、「かならずかならず一つところへまゐりあふべく候ふ（必ず同じお浄土でお会いいたします）」（『親鸞聖人御消息』）と語っている。それは、「私は覚然房と少しも変わらぬ道を歩んでいるから」という覚悟に立脚したリアルな宗教性以外何ものでもない。また、親鸞は師である法然のことを、浄土からの「還相の菩薩」と確信していたようである（法然自身も「今回は三度めの往生である」と語っていたという）。親鸞の人間観は浄土を軸として成り立っていたのである。

浄土という帰るべき世界があり、そこで成仏して再び衆生救済するという生も死も超える教えに生きていながら、それでもちょっと体調が悪くなったりすれば「死ぬんじゃないだろうか」と心配してしまう。苦悩の世ではあっても離れがたい、そう告白した親鸞。間違いなくお浄土へと往生させていただける喜びを語る親鸞。どちらも親鸞の実存（現実の存在そのもの）なのである。

九十歳になった親鸞は、押小路南《おしこうじみなみ》・万里《までの》小路東《こうじひがし》の住居で病臥、一二六二年（弘長二年）十一月二十八日（旧暦）、往生した。振り返れば、寺院ひとつ建てるわけでもない生涯であった。『本願寺聖人親鸞伝絵』によれば、「口《くち》に世事《せいじ》をまじへず、ただ仏恩のふかきことをのぶ。声に余言をあらはさず、もはら称名たゆることなし。（中略）頭北面西右脇に臥《ふし》たまひて、つゐに念仏のいきたえをはりぬ」と臨終の様子が表現されている。

どうだろう、ただ称名念仏だけの臨終、そして「つひに念仏の息たえをはんぬ」とまことにあっさりとした記述である。そこには何の奇瑞もなく、大仰なレトリックもない。ただ淡々と、静かに、「念仏の息絶え終わりぬ」、である。親鸞の臨終にふさわしい記述ではないか。死をも日常の出来事であるかのようなこの雰囲気。かえって、迫力と臨場感にうたれるのは私だけではないだろう。

「某《それがし》親鸞閉眼せば賀茂河にいれてうほにあたふべし」（『改邪鈔《がいじゃしょう》』）と言い放った親鸞であったが、末娘の覚信尼は墓所を造り、御堂を建てた。後に本願寺となって日本最大の仏教宗派となる第一歩が踏み出されたのである。

ちなみに、もしかすると末娘の覚信尼は、尊敬する父の臨終があまりに普通であったことをいぶかしく思ったのかもしれない（なにしろ、高僧の臨終では五色の雲がたなびくなどさまざまな奇瑞譚が伝承される場合が多い）。というのは、恵信尼が覚信尼へ宛てた手紙の中に「お父さんのご臨終がどのような様子であっても、ご往生に疑いはない」と書いているからである。

第三章

# 親鸞思想の特性

浄土仏教成立の系譜を、親鸞が依拠した七高僧を軸に概観することによって、その特性を考察する。特に、〝日本浄土仏教〟が仏教思想史上いかにユニークかという点を語りたいと思う。

親鸞という人物のベースは何なのか。なぜ、あのような宗教的実存主義者が登場したのか。系統的・体系的に概観しよう。

親鸞思想の基盤は「三経七祖」にある。『無量寿経』『観無量寿経』『阿弥陀経』の三経、そして七祖であるナーガールジュナ（龍樹）、ヴァスバンドゥ（天親）、曇鸞《どんらん》、道綽《どうしゃく》、善導、源信、法然、これが親鸞の指針である。この七人は親鸞独特の選択だ。他にも慧遠《えおん》や法照《ほうしょう》など名高い浄土願生者（念仏によって阿弥陀仏の浄土へ往生することを願う者）が数多く存在する中から、なぜこの七人に注目したのだろうか（法然は当然として……）。それは、「他力の仏教」がきちんと語られていること、阿弥陀仏の「本願」に相応した思想であること、そして浄土仏教の展開に大きく寄与するほどのオリジナリティがあること、そのあたりがポイントとなっている。

例えば、ナーガールジュナは仏教を「難行道」「易行道」の二方途に分け、双方とも不退転（修行して仏道のレベルがステップアップしても、怠るとレベルダウンする。しかし、ある境地に達すればもう退くことはない。それを不退転の位と言う）へと至るとした。そして、難行道がいかに困難であるかということと、易行道は阿弥陀仏の救い（信方便易行）であることを、『十住毘婆沙論』「易行品」で述べている（後に善導がこのことに注目、浄土仏教の根拠としている）。ナーガールジュナは大乗仏教の理念（特に空の理論）を完成させた大仏教者であり、大思想家でもある。第二の釈迦と言っても過言ではない。日本仏教の大部分はナーガールジュナの系統に属すると言えるだろう。

またヴァスバンドゥは『阿毘達磨倶舎論《あびだつまくしゃろん》』（倶舎論）で部派仏教の教理を丁寧に整理した。のみならず、大乗仏教へと転じた後は、『唯識三十頌』によって、唯識理論を体系化するなど、大変な人物である。あまりの業績に二人説があるくらいだ。そのヴァスバンドゥが『浄土論』を著して、浄土へと往生する因と果とを明確に語っている。『浄土論』の主軸は、一心に阿弥陀仏に帰命して、浄土に生まれたいと願う信によって、大乗仏教が説く自利・利他が完成するという点にある。そして、この『浄土論』を見事に昇華させたのが曇鸞の『浄土論註』である。

曇鸞思想の特色は、「他力」の仏道を明らかにしたところにある。如来の誓願（他力）によって我々は往生することができ（往相）、また再びこの世界へと還って人々を救う（還相）ことができる。すなわち、釈尊のような生き方ができない私たちのような凡人は、他力に乗ずるべきであると示すのである。ここにおいて、仏教を「自力」と「他力」の二道に分けて捉える視点が確立する。

さて、中国浄土仏教を大きく展開させた曇鸞の没後二十五年、道綽が登場する。道綽はその著『安楽集』において、時代観を基盤に浄土仏教を宣揚した。つまり、現在は末法の世（釈尊滅後、一定の期間を過ぎれば、もはや正しい悟りへと達する者はいなくなる）であることを意識すべきであり、末法の世における仏道は浄土門である、そのように主張した。道綽は、広大な仏教の思想体系を「実践的立場で語るなら、聖道門と浄土門があり、末法の時期にあっては浄土門を選ぶのだ」と説いた。この聖道門と浄土門との二門判は、明らかにナーガールジュナの難行道・易行道、曇鸞の自力・他力の系譜に連なっている。

さて、その道綽門下から善導が出る。法然が「ただひとえに善導一師に依る」としたあの善導である。善導は浄土仏教の大きな柱であった「念仏」に大転換をもたらす。それまでの念仏と言えば、仏を念じてついには見仏体験へと至る般舟三昧《はんじゅざんまい》が主流であり、それができない底下の者は仏の名を称えるという称名を実践する、というものであった。この思想は、道綽においても確認することができる。

しかし、善導は「称名こそ念仏である。なぜなら、それが阿弥陀仏の願いであるからだ」という視点から『観無量寿経』を読み換える。もし善導いまさずば、法然もなく、親鸞もなく、日本浄土仏教は完成しなかったとさえ言えるだろう。

日本においては源信が『往生要集』において、浄土を願い求めること（浄土願生）を説き、平安末期から浄土仏教が日本宗教シーンを席巻する。そして、一一三三年（長承二年）、美作《みまさか》国久米《のくにくめ》において法然が生まれる。それまでずっと脇役・補助手段だった浄土仏教をメインラインへと転換した人物である。法然が仏教体系を脱構築することによって、親鸞という稀有な人格が成り立つこととなった。

## 1　三願転入と隠顕

すでに親鸞の生涯を概観した。その親鸞の生涯、いや宗教体験プロセスが投影されているのではないかと言われている「三願転入」という思想がある。親鸞自ら、『教行証文類』「化身土巻」に、

> ここをもって愚禿釈の鸞、論主の解義を仰ぎ、宗師《しゅうし》の勧化に依って、久しく万行・諸善の仮門を出でて永く双樹林下の往生を離る、善本・徳本の真門に回入《えにゅう》してひとえに難思往生の心を発《おこ》しき。しかるにいま特《まさ》に方便の真門を出でて選択《せんじゃく》の願海に転入せり、速やかに難思往生の心を離れて難思議往生を遂げんと欲す、果遂《かすい》の誓い良《まこと》に由《ゆえ》あるかな。

と述べている。後世、「三願転入の文」と呼ばれている部分である。法然に出会うまでの親鸞は、惑―業―苦という連鎖を戒―定―慧へと転換するというスタンダードな仏道を歩み続けていた。その結果、自らの業の深さと向き合い、浄土仏教へと身を投ずることとなったのである。しかし、その浄土門にも、三つの位相があるというのである。

親鸞が依拠した経典『無量寿経』には、四十八の誓願が述べられている。その中で、衆生（生きとし生けるもの。迷い続ける人間として受けとめられこともある）に対しての誓願が三つある。第十八願と第十九願と第二十願である。この三つを、親鸞は「第十九願は善根功徳を積んで往生を説く「要門」」である、しかしその次の段階は「第二十願に語られている自らの念仏による功徳（自力の念仏）での往生「真門」」、しかしついには「第十八願で誓願されている本願力廻向（他力）で往生する「弘願《ぐがん》」」へと転入すると説く。それが「三願転入」である。

そして親鸞はこの三願に「浄土三部経」（数ある浄土仏典の中から法然が選定した三つの経典）を当てはめる。すなわち第十九願は『観無量寿経』で説かれている教え、第二十願は『阿弥陀教』で説かれている教え、そして第十八願は『無量寿経』で説かれている教えだと言うのである。それにしても、この「転入」という表現はとてもいい。ここには、仏道を歩み続けた親鸞が、阿弥陀仏の誓願によって大転換を起こした雰囲気が感じられる。

さらに、これを「顕彰隠密《けんしようおんみつ》の義」（隠顕《おんけん》）で読み解くのが親鸞のユニークなところである。つまり、本音と建前のように、表面的に語られたメッセージと、その裏に隠された真相であるメタメッセージがあるというわけだ。いかにも内面へ内面へと掘り進む親鸞らしい視点ではないか。

隠顕思想は、『教行証文類』の「化身土巻」において、次のような問答で示されている。

問う。大本《だいほん》の三心と、観経の三心と、一異いかんぞや。答う。釈家の意《こころ》に依って、無量寿仏観経を按《あん》ずれば、顕彰隠密の義あり。顕と言は、すなわち定散諸善を顕し、三輩三心を開く。然るに二善三福は、報土の真因に非ず。諸機の三心は、自利各別にして利他の一心に非ず。如来の異の方便、忻慕《ごんぼ》浄土の善根なり。是れはこの経の意なり、即ちこれ顕の義なり。彰と言うは、如来の弘願を彰し、利他通入の一心を演暢す。達多闍世《だったじゃせ》の悪逆に縁って、釈迦微咲《みしょう》の素懐を彰す、韋提《いだい》別選の正意に因《よ》って、弥陀大悲の本願を開《かい》闡《せん》す。斯《こ》れ乃《すなわ》ち此の経の隠彰の義なり。

つまり、この場合では「『観無量寿経』は、表面上善根功徳を積んで往生することが述べられているようだが、内実は本願力廻向の他力念仏が潜んでいる」というのである。人々を導かんがためにさまざまな倫理や修善が説かれているがそれは方便であって、精読すればその内実は隠しようもなく随所に読み取ることができる、そう親鸞は語っているのだ。

## 2　二双四重判と真仮偽判

三願転入によって、他力の仏教とは「さまざまに仏道は語られているが、突き詰めれば（すべてをおまかせすれば）その身のままで救われる仏の誓願がある」というところへと帰結することが揺るぎなきものとして確立されているとわかる。この親鸞の立場を広大なる仏教フィールドの中でどのようにポジショニングするか、それが教相判釈という作業である。古来、ひとつの立場を明確にする仏教者は、この教相判釈を必ず行ってきた。ナーガールジュナの難易二道判しかり、道綽の聖浄二門判しかり。天台宗を確立した智顗（五三八―五九七）は有名な五時八教を立てて後世に大きな影響を与えた。また頓教（ただちに悟る）・漸教（段階を経て長いプロセスの上に悟る）という教相判釈も各派で盛んに使われている。密教では、仏教全般を顕教（誰にでも開かれ、伝えられる仏教）と密教（誰にでも開かれた教えではなく、体験・象徴を通じて師資相承《ししそうじょう》される仏教）とに分ける。このような分類作業は中国仏教において盛んに行われた。つまり教相判釈による位置づけの目的は、自派が仏教の一派である証を立てることにあったわけだ。

親鸞の教相判釈には「二双四重判《にそうしじゅうはん》」と「真仮偽判《しんけぎはん》」が二本柱となっている。前者は仏教内におけるポジショニング、後者は宗教全般における立脚点の分類・表明である。

二双四重判とは、「超」「出」の二双と、それに「竪《じゅ》」「横《おう》」を組み合わせて「竪超・竪出・横超・横出」の四重に仏教を分類することである。一般に仏教では、竪は理にかなったこと横は理にかなわぬことを指すが、親鸞は竪を自力、横を他力と捉えた。このあたり、親鸞の真骨頂である。それぞれ解説しよう。

著作『尊号真像銘文《そんごうしんぞうめいもん》』によれば、「横《おう》はよこさまといふ、よこさまといふは如来の願力を信ずるゆへに行者のはからいにあらず、五悪趣を自然《じねん》にたちすて四生をはなるゝを横といふ、他力とまふす也、これを横超といふ也」とある。さらには、同書に「「即横超截五悪趣」といふは、信心をえつればすなわち横に五悪趣をきるなりとしるべしと也。即横超は、即はすなわちといふ、信をうる人はときをへずへだてずして正定聚《しょうじょうじゅ》のくらゐにさだまるを即といふ也、横はよこさまといふ、如来の願力なり、他力をまふすなり、超はこえてといふ、生死の大海をやすくよこさまにこえて無上大涅槃のさとりをひらく也」と述べている。また、『一念多念文意』には、「竪とまふすは、たゝさまとまふすことばなり、これは聖道自力の難行道の人なり、横はよこさまにといふなり、超はこえてといふなり、これは仏の大願業力のふねに乗じぬれば、生死の大海をよこさまにこえて、真実報土のきしにつくなり」とある。

　正直に言おう。私は長い間、この「タテ・ヨコ」というのがどうもわからなかった。ピンとこなかったのである。「よこさま」とはどのような宗教世界なのだろうか（ちなみに密教でも竪・横という判釈を語る。親鸞の思想とは違うが、こちらもわかりにくい）。なにやら、理屈にも何にもなっていないような気がして、学生時代は納得できなかった。仏教はもっと合理的なものだと思っていたからだ。

　『尊号真像銘文』では、「超は迂《う》に対することば也」とある。超と迂や竪と横などと字義を対比したところで、どうも心に響いてこない。真宗僧侶でありながら二双四重判は、棚上げにしていたようなありさまだった（もうひとつの真仮偽判はわかりやすいのだが）。親鸞は「横と超とはすなはち他力真宗の本意なり」（同）と語っているので、ここが親鸞の（仏教フィールドにおける）着地点であるはずなのだが……。

長く「何のことを言ってるのか」と思っていた「よこさま」であるが、あるとき扉が開くようにわかった。これが的を射ているのかどうかはわからないが、「よこさま」がリアルに実感できたのだ。それは「信心」だ。「信じること」である。

本来、仏教は自らの執着・苦悩を徹底的に分析・観察し、その解体を目指す。原因が結果を生み、結果が原因を生む（詳述するのは大変なのだが、これが仏教の縁起である。仏教最大の特性のひとつであり、世界の仏教共通の基盤なのだ。この縁起を究極にまで止揚したのが「空」だ）、これほど難解な往復運動の実践を倦《う》まず弛《たゆ》まず日々繰り返さねば一歩も前へ進めない。それが仏道なのだ。人間のしかし、「信」は違う。「信」は賢しらな理論も精緻な体系も、まさにひとつ飛びだ。人間のあらゆる生命活動の中で、このような性質をもったものは「信」以外にないだろう。これを実存哲学の創唱者と呼ばれるS・A・キェルケゴール（一八一三—五五）は「救いは信仰の決定的飛躍によってのみ得られる」（『死に至る病』）と表現し、親鸞は「よこさま」と語ったのだ（その上、親鸞は「如来よりたまはりたる信心」と語る！）。

ところが「すべてのはからいを捨てて、信じる」ことによる飛躍（よこさま）は、そんなに簡単なことではない。すごくシンプルは話だが、そうはいかない。なぜなら「人間ははからってしまう」のである。このことを道元が『弁道話』で（もともと無上の悟りを具えていながら）

「みだりに知見をおこすことをならひとして（やたらとはからいを起こしてしまう習性がある）」と喝破している。「はからい」なく、如来に「おまかせ」することは、できそうでできない。親鸞は「難中の難、これに過ぎたるは無し」（『教行証文類』「行巻」）と表現している。南無阿弥陀仏と称えるだけの「易行」、しかしそれはこれ以上ないというくらいの「難信」と表裏一体なのである。

　では、親鸞の主著から二双四重の部分を抜き出してみよう。

しかるに菩提心について二種あり、一つには竪、二つには横なり。また竪についてまた二種あり、一つには竪超、二つには竪出なり。竪超・竪出は、権実《ごんじつ》・顕蜜・大少の教に明《あか》せり。歴劫迂廻《りやくこううえ》の菩提心、自力の金剛心、菩薩の大心なり。また横についてまた二種あり、一つには横超、二つには横出なり。横出とは、正雑《しようぞう》・定散他力のなかの自力の菩提心なり。横超とは、これすなはち願力廻向の信楽《しんぎよう》、これを願作仏心《がんさぶつしん》といふ。願作仏心すなはちこれ横の大菩提心なり、これを横超の金剛心と名づくるなり。

（『教行証文類』「信巻」）

聖道・浄土の教について、二教あり。一には大乗の教、二には小乗の教なり。大乗教について、二教あり。一には頓教《とんぎよう》、二には漸教《ぜんぎよう》なり。頓教について、また二教・二超あり。二教とは、一には難行聖道の実教なり。いはゆる仏心・真言・法華・華厳等の教なり。二には易行浄土本願真実の教、『大無量寿経』等なり。二超とは、一には竪超《じゅちょう》（即身是仏・即身成仏等の証果なり）、二には横超《おうちょう》（選択本願・真実報土・即得往生なり）。漸教について、また二教・二出あり。二教とは、一には難行道、聖道権教。法相等歴劫修行の教なり。二には易行道、浄土の要門。『無量寿仏観経』の意。定散・三福・九品の教なり。二出とは、一には竪出《じゅしゅつ》、聖道。歴劫修行の証なり。二には横出《おうしゅつ》、浄土。胎宮・辺地・懈慢の往生なり。

（『愚禿鈔』）

ここでは、自らの修行・修道・修学の実践や善根・功徳を積んで歩むプロセスを阿弥陀仏の誓願による信心によってひとっ飛びするのが「横」であり「超」であると述べられている。

とにかく、親鸞は「大乗・小乗」「頓・漸」「権・実」「顕・密」など、他の教相判釈を熟知し、真言・法華・華厳等の仏道も学んだ上で、七高僧の足跡をたどって他力の仏教へと行き着いたのである。このような構造へと仏教を解読した先人が法然その人だったのだ。親鸞にとってこの教えは、まさに「遇いがたくして今遇うことを得たり、聞きがたくしてすでに聞くことを得たり」（『教行証文類』「総序」）という思いであったことだろう。

さて、親鸞の教相判釈には、もうひとつ「真仮偽判」がある。この思想のユニークなところは、真と偽との間に「仮《け》」があるところだろう。

真の言《ごん》は偽に対し仮に対するなり。（中略）仮といふは、すなはちこれ聖道の諸機、浄土の定散の機なり。（中略）偽といふは、すなはち六十二見、九十五種の邪道これなり。

（『教行証文類』「信巻」）

つまり、仏教を真、呪術や邪教や邪見をや吉凶卜占などを偽、そして浄土仏教以外を仮として分類している。親鸞のように「私にはこの道しかない」と他力の仏道を選び取った者にとって、「真」と「偽」といった分類になるのはよくわかるのだが、その狭間に「仮」があるというのもなんとも仏教的でいい。「仮」とは方便である。方便の原語はウパーヤ（upāya）であり、「近づく、手段」といった意味である。かつて「マラソンを走っていて、もう無理だという気持ちになったら、「あの角まで走ろう」「あの電信柱までなら行ける」と思って完走する」というCMがあった。あんな感じである。

## 3 〈改読〉から見る親鸞の実存

さて、親鸞の思想体系は他にも「如来論」「浄土論」「行信論」「衆生論」「得益論」「方便論」など、独特の部分がある。しかし、あまり細部へと入り込むよりも、親鸞という人格自体について語りたいと思う。

例えば、親鸞は何度も経典や論釈を恣意的に改読している。考えてみれば、これは親鸞という人物を端的に表した行為である。経・論・釈の改読は、親鸞の思想特性を知るのにはかっこうの手がかりである。

善導が「(この『観経四帖疏《かんぎょうしじょうしょ》』は)一字一句勝手に加減してはならない。経典と同じように」といった警告をしているが、親鸞は自らの実存を通して経典や論釈を読み替え、意味内容を改めている。その親鸞の思いと真摯に向き合うならば、これは大変な迫力で迫ってくるものがある。

ここで、親鸞が「原典を意図的に改読した部分」のすべてを取り上げるわけにはいかないが、親鸞の改読はいくつかの基本パターンに分けることが可能なので、その代表的なものを紹介しよう。基本パターンは、三つに大別できるかと思う。すなわち、①「阿弥陀仏の他力性・超越性を強調」(それは阿弥陀仏の他力なのだ、と解釈するパターン)、②「自己の有限性・罪業性の強調」(自己内省あるいは人間観によって改読されるパターン)、③「思想・宗教観による意味変換」(自分の思想体系に基づいて改読するパターン)、この三つである。

①阿弥陀仏の他力性・超越性を強調

親鸞が思想の柱とした『無量寿経』には、「至心に廻向して」とある。しかしこれを親鸞は「至心に回向せしめたまへり」(『教行証文類』「信巻」)と読み替えている。敬語を使うことによって、能動態が受動態へと転換されているのだ。これだと、本来は「(私が)至心に回向して」という文章なのに、「(阿弥陀仏が)至心に回向したまへり」と、主語が変わってしまう。つまり、「私が」という自力的行為を、「阿弥陀仏によって」という他力の仏教となる。

同様に、『無量寿経』の異本である『如来会《によらいえ》』(『大宝積経《だいほうしやくきよう》』「無量寿如来会」)の「歓喜《かんぎ》愛楽《あいぎよう》し、所有《しよう》の善根廻向して」を、「歓喜せしめ、所有の善根回向したまへるを愛楽して」(『教行証文類』「信巻」)と改読している。「私が歓喜の心で善根を廻向する」という文章が、「阿弥陀仏が私を歓喜せしめる。そして善根を回向してくださるのを受け取る」となっているのである。

親鸞が傾倒した曇鸞の『浄土論註』に対しても、「いかんが廻向する、一切苦悩の衆生を捨てずして、心につねに作願すらく、廻向を首となして大悲心を成就することを得るがゆえに」とあるのを、「いかんが廻向したまへる、一切苦悩の衆生を捨てずして、心につねに作願すらく、廻向を首となして大悲心を成就することを得たまへるがゆえに」(『教行証文類』「信巻」)としている。「廻向とはどのようなものであるか。すべての苦悩する人々を決して捨てることなく、常に願いをもって、大いなる慈悲の心を成就することだ」といった内容が、「阿弥陀仏はどのように廻向してくださるのか。それは、すべての苦悩する人々を決して捨てることなく、常に願いを立てて、私たちに大慈悲を廻向してくださることを成就されたのである」となる。

この調子で、親鸞は多くの経典や論釈書を「他力の仏教」的視点から読み替えるのである。ここに親鸞思想の特徴を理解するカギがあるのだ。

## ②自己の有限性・罪業性を強調

阿弥陀仏の本願力廻向（他力の仏教）へと改読する一方、親鸞は常に我が身の罪業性を告白するかのような読み替えを行っている。

例えば、善導の『観経四帖疏』（『観無量寿経疏』）「散善義」における「外に賢善《けんぜん》精進の相を現《あらわ》し、内に虚仮《こけ》を懐くことを得ざれ」という一文を、親鸞は「外に賢善精進の相を現ずることを得ざれ、内に虚仮を懐ければなり」（『愚禿鈔』）としている。善導は「外見を立派に見せかけて、内面がニセモノであってはならない」と述べているのだが、親鸞は「外見を立派に見せてはならない。なぜなら内面はニセモノなのだから」と言うのである。

また同じ善導の『観経四帖疏』「玄義分」では、「道俗時衆《どうぞくじしゅとう》等、おのおの無上の心を発《おこ》せ。生死はなはだ厭《いと》ひがたく、仏法また欣《ねが》ひがたし」とあるのを、「道俗時衆等、おのおの無上の心を発せども、生死はなはだ厭ひがたく、仏法また忻《ねが》ひがたし」（『教行証文類』「信巻」）と読み替えている。「出家者も在家者も、それぞれ限りない悟りを求める心を起こせ。そうでなければ、この迷いの世界を厭うのは難しく、仏法を求めるのは困難なのである」という文章だ。これが親鸞というフィルターを通過すると、「出家者も在家者も、たとえそれぞれ限りない悟りを求める心を起こしても、この迷いの世界を厭うのは難しく、仏法を求めるのは困難なのである」となる。人間の実相と厳しく向き合った親鸞らしい言葉ではないか。

③思想・宗教観による意味変換

さて、①と②の改読をチェックすれば、親鸞思想の特性を実感できる。これを手がかりにすれば、親鸞特有の世界が見えてくる。さらに、親鸞のオリジナリティ高い読み替えを取り上げよう。

まずは有名な「六字釈」だ。「六字釈」とは、善導が「南無阿弥陀仏」の六字を見事に解釈した浄土仏教の金字塔である。称名念仏を支えていると言って過言ではない。『観経四帖疏』「玄義分」に出てくるその部分を読んでみよう。

南無と言うは即ち是れ帰命《きみよう》なり、また是れ発願《ほつがん》廻向の義なり。阿弥陀仏と言うは、即ち是れ其の行なり。

南無阿弥陀仏の六字を、「南無」と「阿弥陀仏」とに分解し、「南無」は帰命（帰依）であるとともに、「浄土へと生まれたい願いへと心を転換すること」だと言うのである。そして、「阿弥陀仏」は「行」であり、南無阿弥陀仏の六字には法蔵菩薩の大願大行が具わっているとするのが善導の六字釈だ。善導は他宗派からの批判に耐えうるよう、このような理論を組み立てた（願と行、智慧と慈悲がなければ仏教にならない）。

しかし、親鸞はこの説を大胆に上書きする。『教行証文類』の「行巻」には「帰命は本願招喚《しょうかん》の勅命なり。発願回向と言うは、如来已《すで》に発願して衆生の行を回施《えせ》したまふの心なり。即是《そくぜ》其行《ごぎょう》と言うは、即ち選択《せんじゃく》本願是《これ》なり」とある。善導が六字釈において「南無」が帰命であると語っているのは、「本願招喚の勅命」のことだとする。つまり、阿弥陀仏の呼び声だと言うのである。とても平たく言うと、善導は「おまかせします」という意味だと解釈したのに対して、親鸞は「まかせてくれよ」という仏からの呼び声だと受けとめたのだ。そして、善導が発願廻向と述べたのは「如来はすでに願いを発して、私たちに行を廻向してくださった大慈悲心を言うのだ」とする。「阿弥陀仏は、すなわち行そのものである」とした善導の解釈も、「阿弥陀仏のすべての衆生を救うという誓願そのものである」と親鸞は読み取るのである。

このように、仏典や諸師の文を「仏から私へ」という方向性へと徹底して転換していくところに親鸞の姿勢がある。

また、親鸞は、『論語』の有名な一文、「季路《きろ》、鬼神《きじん》に事《つか》えんことを問う。子の曰《のたま》わく、未だ人に事うること能わず、焉《いずく》んぞ能く鬼に事えん」（先進第十一）も改読している。季路という弟子が孔子に「霊魂や神霊に対してどのように仕えればよいのでしょうか」と問うと、孔子は「私はまだ人にどのように仕えればよいのかさえもわからないのだ。霊や神霊への仕え方がわかろうはずがない」と答えたのである。これを親鸞は「季路問はく、鬼神に事へんかと。子のいはく。事ふることあたはず、人いづくんぞよく鬼神に事へんやと」（『教行証文類』「化身土巻」）と読んでいる。孔子は「とても仕えることなどできない。人がどうして霊や神霊に仕えることができようか」と答えたことになっているのである。

「親鸞は漢文がきちんと読めなかったのではないか」という議論もあったそうだが、このようなところが批判されたのかもしれない。しかし、親鸞の思想から言えば、「私たちが霊や神をコントロールできようはずもない」というのは当然の帰着であり、意図的に読み替えたと考えるほうがよかろう。なにしろ親鸞は二十年も比叡山で学んだ人物なのである。経・論・釈をきちんと読める実力をもっていたはずである。

こうしてみてくると、本来は主語が「私が」となっている文章を、「阿弥陀仏が」へと転換するパターンが多い。これは親鸞の著作の随所に見ることができる。

## 4　親鸞思想の中軸――二種深信

涅槃の真因は唯だ信心をもってす。

（『教行証文類』「信巻」）

「唯以信心」という言葉に代表されるように、親鸞は人間の内面を重視した思想を展開した人物である。親鸞は念仏を「仮なる念仏」と「真なる念仏」とに分別する。つまり、「私の念仏はホンモノなのか」と問い続けたのである。

この「仮なる念仏」が、さらに二種ある。「仮門の念仏」と「真門の念仏」である。「仮門の念仏」（阿弥陀仏の誓願で言えば、第十九願の念仏。「浄土三部経」で言えば『観無量寿経』で説かれている念仏）とは、あれかこれかの選択が成立していない念仏である。つまり念仏ひとつを選び取りながらも他を捨てることができていない、雑修《ざっしゅ》の念仏なのである。「真門の念仏」（第二十願の念仏。『阿弥陀経』で説かれている念仏）とは、念仏を選び取ってはいるが、その念仏が自己の善根となってしまっているものをいう。自己自身がなんら問われてこず、あたかも自分の善根であると思っている念仏だ。

親鸞は「称」を「はかりといふこゝろなり」と捉えている（『一念多念文意』）。つまり称えれば称えるほど、おのれが計られてゆく、というわけだ。親鸞においては称名の実践とともに自己が問われてゆく構造を見ることができる。それが「弘願《ぐがん》の念仏」（第十八願の念仏。『無量寿経』で説かれている念仏）である。親鸞にとって、念仏という行為は易行であっても、それを真に成立させる信心とは困難至極である。「本願力廻向の信心なり」あるいは「如来よりたまはりたる信心」としか表現しえないのである。絶対地獄へ行く身が、絶対救われる身である、この背反する事態が同時成立する世界が親鸞の信心である。

さて、その親鸞の「信心」の内実を表現するとすれば、二種深信が最もふさわしいと思われる。

二種深信は、善導が『観経四帖疏』及び『往生礼讃』において、『観無量寿経』の「深心」を二種に分けて解釈したものである（善導は深心について「二種有り」としながら、実際には七種類に分析している。しかし残りの五種は、前二種に摂まると考えられる）。すなわち『観無量寿経』に、

> もし衆生ありて、かの国に生れんと願ぜん者は、三種の心を発して、即便《すなわ》ち往生す。なんらをか三つとなす。一つには至誠心《しじょうしん》、二つには深心《じんしん》、三つには回《え》向発願心《こうほつがんしん》なり。

とあるのを受け、この内「深心」を「深く信ずるの心なり」と読み、そして「二種あり」として、深心の内容を二種類のありように分析している。つまり、

> 一には決定《けつじょう》して深く自身は現に是れ罪悪生死の凡夫、曠劫《こうごう》より已来《このかた》、常に没し常に流転して、出離の縁有ること無しと信ず。（『観経四帖疏』「散善義」）
>
> 二には決定して深く彼《か》の阿弥陀仏の四十八願は、衆生を摂受《しょうじゅ》して、疑《ぎ》無く慮《りょ》無く、彼の願力に乗じて、定んで往生を得《う》と信ず。（同）

要約すれば、「第一の深信」は、自分は永遠に救われることのない罪深き存在であることを深く信じる。「第二の深信」は、阿弥陀仏は間違いなくあらゆる苦悩の存在を救済すると

深く信じる、ということになる。

善導の「二種深心」解釈における最大の特色は「深心」を「深く信ずるの心」と解釈することにある。

智顗の「深心」理解を見ると、「深《じん》とは仏果深高心をもって、往求《おうぐ》するゆえに深心という。また、深理に従って生ず、また厚楽善根《こうぎょうぜんごん》に従って生ず。ゆえに十地経にいわく、深広心に入り、涅槃経にいわく、根深して抜き難い、ゆえに深心という」(『仏説観無量寿仏経疏』)として、深く高く広い勝れた心と解釈している。またそう理解するのが一般的である(藤永清徹『二種深信(上)』)。しかし善導はこれを「深く信ずる心」として、「信」に立脚する仏教すなわち「救い型宗教」的性格を強く打ち出したのである。

それにしてもこの二態の深心をどのように理解すればよいのであろうか。「第一の深信」と「第二の深信」とは、互いに相反するものであり、対立項である。「深心」というひとつの信仰の内容が、正反対の二方向なのである。そこで、善導において、「第一の深信」と「第二の深信」の関係はどう捉えられていたのかを考察してみよう。これを解く鍵は、善導の「罪」に対する姿勢にある。

前出の『無量寿経』第十八願には「唯《ただ》五逆と誹謗正法《ひほうしょうぼう》を除く」とあり、「五逆罪の人」と「謗法の人」は救いの対象から除かれることとなる。これは古来浄土仏教の中で論議されてきた問題である。曇鸞は「五逆と謗法の両方を犯した人が除かれるのである」として、五逆罪の人は救われるとしている。

しかし善導は、「これは非道な行為を実行しないように抑止しているためである」と解釈（これを「抑止門《おくしもん》」という。『観経四帖疏』「散善義」）する。すなわち阿弥陀仏による救済は一切の衆生に成立するのであるが、「抑止力」として「罪」の概念があるというのである。同様に、善導は「第一の深信」を抑止力として捉えていたのではないかと思われる。つまり善導は「第一の深信」は自己内省としての自覚に主眼があったと考えられる。

このように善導は、「深心、即ち是れ真実の信心なり」（『往生礼讃』）と規定して、二種深信を表した。それは「自身」を「信知」するという思想構造になっている。自己自身の存在を信知し、その自己こそが被救済者であることを信知する。まさに主体的信による自覚、認知の体験が善導の深心なのである。

では善導への全面的依拠を標榜した法然は、二種深信をどう理解していたのか。法然は、

所詮は深信とは、かのほとけの本願は、いかなる罪人をもすてず、たゞ名号をとなふる事一声までに、決定して往生すとふかくたのみて、すこしのうたがひもなきを申す也。

（『往生大要鈔』）


と述べている。これは、善導の理解をそのまま継承していると言えよう。また、法然は

「まず初めに我が身が煩悩罪悪の凡夫であることを信じ、次にその私が間違いなく往生できることを信じるのである。前後があるのだ」（同）と、明確に「第一の深信」と「第二の深信」の前後関係を述べている。法然は、自己存在の自覚を前提とし、ついには無疑なる一心が確立することが専修念仏の信心であることを明らかにしたのである。そして法然自身も述べているように、これなら論理的整合性をもつことが可能である。

また法然も、「第一の深信」は私たち凡夫が、阿弥陀仏に救済されるのは妄念を起こさず、罪をつくらず、悟りを得ようという心を発し、強い信念をもって念仏を称える人だと考えることへの抑止力になっていると解説している。それが善導の真意だと喝破していたからだ。そして、突き詰めればすべての「浄土へ生まれたいという願い」はかなえられるとする。

このような善導・法然の思想を受けて親鸞は、

今斯《いまこ》の深信は、他力至極《しごく》の金剛心、一乗無上の真実信海なり。（『愚禿鈔』）

と言い、「深心」こそは他力信心の姿であると捉えていたようである。ところが親鸞はこの二種深信の文章は何度も引用しながら、自己の二種深信についての明確な表白はない。また、機の深信（第一の深信）と法の深信（第二の深信）の関係も明言していない。親鸞は二種深信をどのように捉えていたのだろう。その解明の手がかりは、「三心即一心」という言説にあると思われる。

親鸞は『観無量寿経』の三心（至誠心・深心・回向発願心）と、『無量寿経』の三信（至心・信楽・欲生）はただひとつの他力信心を表現したものであるとする。そしてこれはヴァスバンドゥ（天親）が「われ一心に阿弥陀仏に帰命したてまつる」と表白したこととイコールであるとするのである。親鸞は『教行証文類』「信巻」の中で「（経典には）三心が説かれているものの、愚鈍の者はただ一心（信楽）にて往生する」ことを述べている。さらに言えば、三心即ち一心であるということのベースには、

一切の群生海《ぐんじょうかい》、無始より已来《このかた》、乃至《ないし》今日今時に至るまで、穢悪汚染《えおわぜん》にして清浄《しょうじょう》の心なし、虚仮諂偽《こけてんぎ》にして真実の心なし。（『教行証文類』「信巻」）

と、自己が徹底して非真実であることを語ると同時に、このような存在である私が阿弥陀仏の真実を信受する、すなわち、

一念一刹那も、清浄ならざることなし、真心《しんしん》ならざることなし。（同）

であるという矛盾がある。そして、この相反する内実こそが「一心」なのである。つまり法と機の深信は一心なのだ。ここに親鸞の二種深信思想の基盤があると思われる。親鸞は、「機の深信」を善導・法然のように「法の深信」の前提という関係で捉えず、この背反する事態を表裏関係として語っているのではないか。親鸞思想には「地獄は一定《いちじょう》すみかぞかし」（地獄へ行くしかない）という自覚と「かならず往生すべし」（間違いなく浄土へ往生する）という実感が同時成立するような矛盾が常についてまわる。善導は抑止機能としての機の深信を表現した。法然はさらに明快に前後関係をもって、二種の深信を解説してみせた。しかし親鸞は二種の深信を光と影の緊張関係・相依相即関係にあると捉えたに違いない。

親鸞は「摂取《せっしゅ》」（阿弥陀仏による救い）の語に対する左訓（書き添えられた解釈）において、「摂」の横に「もののにくるをおわえとるなり」と注釈している。と同時に、「取」には「むかへとる」と記しているのである（『浄土和讃』）。これは「追いかける仏」と「迎える仏」を表現しているのであるが、つまり「救いに背を向ける自己」と「救いを希求する自己」をも同時に語っているのである。仏から逃げ、背き続け、悟りから一番遠い自己が現れた時、そのまま仏に迎えられている自己を見るのである。

ところで、巷間言われる「法然は念仏往生で、親鸞は信心往生」とする意見は正確ではない。親鸞は一貫して念仏往生に立脚しており、信心往生とは一度も述べていない。ただ親鸞はその念仏を問う。「おのれの念仏は本物であるのか」そう問い続けるのである。思想の構造自体は法然によってすでに完成されているのだが、親鸞の場合は安直に「仏の救い」が成立しないのである。ひたすら仏に背き続ける自己であること、その逃げる自分を仏は追いかけてきてとっ捕まえるということを繰り返し表白する。

それはあたかもキェルケゴールが語った「底に穴のあいた船に乗っていて、水をかい出している状態」であるかのごとくである。かい出してもかい出しても、次から次へと煩悩の水は湧き出てくる。しかし、かい出し続けなければならない。やめることはできない。この緊張感。これぞ親鸞の宗教的実存の姿である。

独特の宗教的逆説性と緊張感に富んだ思考構造こそ親鸞の宗教的実存なのだ。どちらにも着地しない、ぎりぎり緊張関係が持続されている。そこに親鸞思想の特性がある。親鸞が語る「難信」の世界とはこのような状態であろう。親鸞が提示している世界は、おのれの宗教性へと不断に関わり続けるありようである。だからこそ、そこにパラドクスが起こる。

あの『教行証文類』の「総序」を見よ。「ここに愚禿釈の親鸞」と宣言し、「遇いがたくして今遇うことを得たり、聞きがたくしてすでに聞くことを得たり」と告白しているのは、まさに親鸞の宗教的実存宣言ではないか。

また親鸞は、「前念命終《ぜんねんみょうじゅう》、後念即生《ごねんそくしょう》」（『愚禿鈔』など。善導『往生礼讃』にも見える）という言葉を残している。これは、親鸞の信心が全人格的転換であり、「よこさま」に転入する宗教体験であることを表している。

ところで、このような親鸞の宗教的実存を生み出したものは何なのであろうか。それは、法然による仏教の解体・再構築（純と雑、信と疑といった二項対立構造への転換）である。法然による仏教構造の再構築こそが類い稀な親鸞という宗教的実存を創り上げたのである。

親鸞は比叡山で二十年におよぶ修行を実践した。しかし法然によってそれらの体系が解体され、ついに自己の宗教的実存が現れたのである。仏の光とともに、自己が露《あらわ》になる。おのれの影をおのれ自身で正面から引き受ける。それが可能であるのは、大いなる慈悲の光に照らされているからだ。そこに救済の正因である悪人が成立する。それこそが親鸞の仏教であった。仏教が「成る」宗教であるとするなら、親鸞の宗教は「悪人に成る」仏教と言えるのかもしれない。もちろんその悪人とは、宗教的罪業の自覚に基づいて「自分の力で悟りを開けない者」を指す。

## 5 「教信こそわが理想」

親鸞は「われはこれ賀古の教信沙弥《きょうしんしゃみ》の定なり」（賀古の教信沙弥こそ私にとってあるべき姿である）と語っていたという（『改邪鈔《がいじゃしょう》』）。また、もうひとり、この教信（?—八六六）を理想としていた人物がいる。一遍（一二三九—八九）である。親鸞は内面を深く掘り下げるような思想を構築した人物であり、対照的に一遍は遊行・踊躍《ゆやく》念仏など身体的表現が豊かな人物であった。その二人の目指した生き方が同じとはおもしろい。

一遍には、

念仏の機に三品《さんぼん》あり。上根《じょうこん》は、妻子を帯《たい》し家にありながら、著《じゃく》せずして往生す。中根は、妻子をすつといへども、住所と衣食《えじき》とを帯し、著せずして往生す。下根は、万事を捨離して往生す。

（『播州法語集』）

という語録が残っている。この上・中・下根（三品）の分類（三根は天台宗学において使用されることが多い用語で、衆生を善悪の強弱によって分ける概念である。浄土仏教では三輩《さんぱい》や九品《くぼん》で語られることが多い）は、一遍思想の大きな特性であると思われる。ここでは、妻帯在家生活をしながらの往生が、出家生活の往生より上位に捉えられている。「在俗にありながら、なおそれにとらわれないことこそ最上なのだ。そうできない者が仕方なく出家するのである」という論旨であるのだが、これでは浄土仏教の人間観、ひいては仏教の生活規範体系が転倒してしまう。

本来、浄土仏教経典で語られるところの三輩九品（三品）観では、当然、在家より出家、破戒より持戒が上位に捉えられている。この点は、『無量寿経』にも『観無量寿経』にも語られている。

このような仏教の伝統的仏教観をひっくりかえして一遍が提示した、「出家より在家生活」

「世俗のただ中に住する仏教者」「戒律にとらわれない念仏者」こそが上位に位置するという独自の生活形態への価値観は、日本仏教の白眉である半僧半俗の形態を根底から支えているように思われる。日本仏教を考察する上で、この思想を避けて通ることはできない。

なぜ一遍はそのような三品（三種の機根）観を語るに至ったのか。

それは、やはり法然が「『無量寿経』で三輩の相違が語られているものの、念仏往生という点では三輩の差異はない」と述べ、「念仏しやすいような生活様式を選択すればよいのであって、どのような生活様式を選択したとしても重要ではない」という仏道を打ち立てたがゆえである。親鸞の三輩観も法然思想に沿ったものであった。ただ、経典には隠顕構造がある、という例の親鸞独特の視点で語っている（『教行証文類』「行巻」）。

考えてみれば、日本ほど半僧半俗の仏道が発達した地域はないだろう。そして、その代表者のひとりが教信沙弥であった。本来、沙弥とは出家してから受戒するまでの年少僧を指す。しかし、日本においては、半僧半俗の人を沙弥と呼称する場合もあったのである。

教信は、興福寺を出て、諸国を放浪した後、なぜか播磨国賀古郡の賀古（現在の兵庫県加古川市野口町野口）に庵を結んだ。教信に関しては、『今昔物語集』（第十五巻第二十六話）、平野《ひらの》庸《よう》脩《しゅう》『播磨鑑《はりまかがみ》』、慶滋保胤《よししげのやすたね》『日本往生極楽記』、三善為康《みよしのためやす》『後拾遺往生伝』、永観《ようかん》『往生拾因《おうじょうじゅういん》』（覚如の『改邪鈔』では、この書を取り上げている）、さらには明遍《みょうへん》（一一四二―一二二四）の系譜にある聖により編纂されたと推定される『一言芳談《いちごんほうだん》』等に記述がある。

それらによれば、日本最初の浄土念仏信仰を実践したとされる勝尾寺《かつおじ》の証如（勝如）に先んじて、念仏を軸として生き抜いた人物であることがわかる。

教信の生年を確定することはできないが、おそらく七八一年（天応元年）に奈良もしくは京都で生まれたと思われる。興福寺において出家生活に入り、唯識や因明《いんみょう》（論理学）を学んだと言われている。しかし、突如として興福寺を出て、西へと旅立った。

教信の日常は、常に称名念仏を実践しながら、旅人の荷物を運んだり、自作自農したり、農作業を手伝ったりするといったものであった。妻を娶り、子供も一人生まれている。村人と共に、道作りや川堤の修理などにも加わったという。そして人は、称名念仏三昧の彼を指して「阿弥陀丸《あみだまろ》」などと呼んだと記述されている。また『一言芳談』には、「西には垣もせず、極楽と中をあけ、あはせて本尊をも安ぜず、聖教《しょうぎょう》をも持せず、僧にもあらず、俗にもあらぬ形にて、つねに西に向ひて念仏して、其余《そのよ》は忘れたるがごとし」とある。

教信の遺体は、本人の意思に沿って、野に捨てられ、鳥獣の餌となったと言われている。

親鸞はこの教信を「我が定なり」としていたのである。また、教信への憧憬と共に特筆すべきなのが、聖徳太子への信仰である。若い頃から太子堂へ参詣し続けたようであり、また晩年に近づくにつれて大量の太子和讃を創作している（『皇太子聖徳奉讃』七十五首、『大日本国粟散《ぞくさん》王《おう》聖徳太子奉讃』百十四首）。

なぜ親鸞はそこまで太子を思慕したのだろうか。まず注目すべきは、太子を「和国の教主」、すなわち日本の釈迦と呼んでいる点である。親鸞は聖徳太子がいたからこそ仏教は日本の地に根をおろすことができたと考えていたのだ。さらに、在俗に身をおいたまま、仏教を拠りどころとして生き抜いた太子の生涯は、非僧非俗の立ち位置を貫いた親鸞にとって、ひとつの理想像であったと思われる。

また、古くから「聖徳太子は観音菩薩の化身」という信仰があった。親鸞は法然を勢至菩薩（阿弥陀仏の智慧を表す菩薩）の化身と信じていたので、観音菩薩（阿弥陀仏の慈悲を表す菩薩）の化身である太子を尊崇していたのかもしれない。

教信や太子への思いは、法然と親鸞の相違のひとつである。

## 6　信行両座・信心諍論と神祇不拝

親鸞の思想を知る上で重要なエピソードが『本願寺聖人親鸞伝絵』に描かれている。親鸞が法然のもとで教えを受けているときに起こった「信行両座」と「信心一異の論争」という出来事であり、なかなか象徴的な話であるから紹介しよう。

まず「信行両座」から。ある日のこと、法然の門弟たちの間で「称名念仏によって往生する」と主張する人たち（行不退派）と、「信心で往生する」と主張する人たち（信不退派）との間で論争となった。そこで、「行不退派」はこちらに、「信不退派」はあちらに坐ろう、ということになった。結果的には、親鸞と聖覚《せいかく》(一一六七—一二三五)と蓮生《れんせい》(熊谷直実。一一四一—一二〇七)だけが「信不退の座」へ、残り大半は「行不退の座」に坐ることとなる。そこへ法然がやってきて、それじゃあ私はこちらへ、と「信不退の座」へと坐ったという。

このようなことが本当にあったのかどうかはわからない。親鸞は、「恭敬《くぎよう》の心に執持して」(信不退のこころ)、「弥陀の名号称すべし」(行不退のこころ)と、双方の立場を和讃に詠んでいる。以前、真宗学者の信楽峻麿《しがらきたかまろ》が「はたして法然が信不退の座に坐るだろうか」と疑問を呈したことを聞いたことがある。『本願寺聖人親鸞伝絵』を作成した覚如は、西山浄土宗における一念義的思想の影響を強く受けた人物である。このような記述にも、親鸞が「一念義系統の人物である」と評されることになった要因はありそうである。

一方の「信心一異の論争」は、『歎異抄』においても記載されているので、実際に起こった出来事である可能性は高い。あるとき、親鸞がなみいる門弟の前で「この善信(親鸞)の信心も、法然上人のご信心も同じである」と語ったことがあり、それに対して勢観房や念仏房などが一斉に反発。「どうして(あの偉大なる)法然上人の信心と、(まだ年若い)善信房の信心とが同じなのだ。そんなことがあるはずもない」と反論したのである。

その反論に対して親鸞は「法然上人は智慧も学識も広くすぐれておられるから、それについて私が同じであると申すのなら、確かに間違いであろう。しかし、浄土に往生させていただく信心については、少しも異なることはない。まったく同じである」と、堂々と述べたというのである。それでも、先輩門弟たちは納得せず、結局「では、法然上人に直接お聞きして、どちらの主張が正しいかを決めよう」ということになった。この話を聞いた法然は、「この源空（法然）の信心も如来からいただいた信心、善信房の信心も如来よりいただいた信心である。ゆえに、まったく同じ信心なのである。もし、私と違う信心をもっているという人がいるなら、私と同じ浄土へと往生することはないだろう」と説いたという。

これらのエピソードからも、法然・親鸞は、念仏者としての道だけを選び取った人物であることがわかる。さらにこの二人は、真の念仏者は夾雑的要素（神道、儒教、道教、習俗的要素など）が排除された浄土仏教を志向すべきだとしたところにも大きな特徴がある。現在の真宗教団では、「神祇不拝《じんぎふはい》の態度」や「日柄《ひがら》・卜占《ぼくせん》・方角等にこだわらない」といった態度が顕著であるが、これは法然・親鸞の思想と実践に基づいている。後世、真宗教団に対して「門徒もの知らず」と揶揄されることもあるくらいだ（この言葉は、「真宗の門徒は世間の習俗に従わない」という意味であるとか、「門徒は物忌みをしない」が語源であるなどと言われている）。まず、法然の言葉を見てみよう。

仏教にはいみといふ事なし、（以下略）。（『百四十五箇条問答』）

いかに法然が、従来の仏教に付加されていたさまざまなものを排除し、専一化・純化された仏教に立脚しようとしていたかがわかる。この傾向は親鸞において強化される。親鸞が『教行証文類』に「化身土巻」を設定した理由はそこにある。そこでは『大般涅槃経』『般舟三昧経』が引用され、

仏《ぶつ》に帰依せば、終《つい》にまた其の余の諸天神に帰依せざれ。（『教行証文類』「化身土巻」）
自ら仏に帰命し、法に帰命し比丘僧に帰命せよ。余道に事《つか》ふることを得ざれ、天を拝することを得ざれ、鬼神を祠《まつ》ることを得ざれ、吉良日《きちりようにち》を視《み》ることを得ざれとなり。（同）

と述べられ、神祇不拝の思想が展開されている。何でも習合・融合していく日本宗教文化の大きな流れとは逆の方向性をもつものであると言えよう。

民衆のための仏道、悪人のための仏道だからこそ、シンプルでピュア（ただひとつを選び取り他を捨てる）、そしてイージー（誰もが歩める仏道）という方向性をもっていたのだ。

## 7 なぜ『教行証文類』は書かれたのか？

親鸞の主著である『教行証文類』は、仏教という構造の中で法然思想の正当性を証明しようと書かれたものであろう。あれほど法然浄土仏教の仏道を歩み続けた親鸞が、主著に『選択本願念仏集』をほとんど引用しない不自然さが

それを証明している。親鸞は相次ぐ法然への批判に対して、さまざまな文献をもって答えようとした。法然は決して仏教を解体した異端者ではなく、本来仏教の中で連綿と受け継がれてきたものを主張したのだ。そう内外に示すことが『教行証文類』執筆の意図である。

親鸞の意図は『顕浄土真実教行証文類』という書名からも類推することができる。この著作は、親鸞存命中から『教行証』と略されていたのであり、親鸞に直接関わっていた真仏や顕智もそう呼んでいたことがわかる（『経釈文聞書』）。これを『教行信証』と略称するようになったのは、覚如からであり、その後一般化している（しかし覚如の長男・存覚などの著を見ると、当時は「教行証」と並称していたことがわかる）。これは真宗教団が「信心」を強調してゆく軌跡と無関係ではない。覚如から蓮如へと展開する「信心正因・称名報恩」という路線が、「教」―「行」―「証」という構造ではなく、「教」―「行」―「信」―「証」という四法構造の強調になってゆくのである。『教行信証』という略称も、この結果に他ならない。現在の浄土真宗教団では、「四法構造」は教義の特徴のひとつとなっている。

親鸞は、

謹んで浄土真宗を按《あん》ずるに、二種の廻向あり。一には往相《おうそう》、二には還相《げんそう》なり。往相の廻向について真実の教行信証あり。

（『教行証文類』「教巻」）

と述べながら、表題を『教行証』としている。親鸞は「戒」―「定」―「慧」と同じ意味をもつ「教」―「行」―「証」（『十地経論』第三や、『法華経玄義』第五や、『大乗法苑義林章《だいじょうほうおんぎりんしょう》』第六などに、仏教は「教・行・証」構造であることが述べられている）という仏教の根本的構造に当てはめて法然思想を語ろうとしたのである（上田義文『親鸞の思想構造』）。すなわち、「法然はもはや仏教から逸脱している」という批判に対して、「いや、法然上人の教えはきちんと大乗仏教構造に立脚した上で、大乗仏教の頂点を極めたものなのだ」と証明するための書が『教行証文類』なのである。

さらに言えば、『教行証文類』は法然の思想を大乗仏教の構造上で提示しただけにとどまらない。やはり、そこには親鸞の信心が展開されている。例えば、「信巻」の存在だ。親鸞は「教行証」という大乗仏教構造の中において、「行」と「信」を同一化し、そのため「信巻」を設定したのである。つまり「教」―「行＝信」―「証」という構造である。このように行と信、すなわち念仏と信心を不離の関係で結ぶ理論は、おのれの念仏でもなければ信心でもない阿弥陀仏の行であり信であるという親鸞の深い宗教的信解の世界が根底にある。

以上のことをふまえて、本書では『教行信証』という略称を用いず、『教行証文類』と呼称しているのである。略称するならば『教行証』か『教行証文類』でなければ、親鸞の意図が損なわれるのではないだろうか。

## 8 親鸞における〈身体性〉

鈴木大拙（一八七〇—一九六六）は「親鸞の宗教性は流罪地において華開いた」というユニークな視点を提示している。それは流罪地において「大地性」を得たからだという。大拙が指摘しているのは、親鸞の「身体性」のことだと思われる。

親鸞の思想体系では「身体性」「行為」「実践」について言及されることは稀である。親鸞の著作を読むと、誰しも「行為」よりも「内面を問う」という傾向を強く感じるはずである（そのため、後の真宗教団の教義は身体性が低いという特徴をもつこととなる）。そんな中、大拙は、親鸞が流罪地で農作業や家事や生活に必要な作業などの日々を送ったことによって「大地性」（と大拙が呼ぶ）が成熟し、親鸞の宗教性は新たな展開を迎えたというのである。

確かに親鸞は（下級とはいえ）貴族出身であり、また九歳から仏道修行に専念していたため、流罪地の生活は大きな転機であったかもしれない。その意味では、大拙の指摘は大変興味深く、注目すべきである。大拙は、この「大地性」によって、親鸞は聖と俗や日常と非日常とが無境界化するような境地へと達したのだろうと考えている。

しかし、すでに述べたように親鸞は堂僧をしていたほど実践修行の毎日を長年続けていたのである。親鸞は修行という極限まで身体性を発揮させる日々を送っていた。しかし流罪地での生活は、それとは違って日常を世俗を生きるために身体性を賦活《ふかつ》させたに違いない。と同時に、親鸞は身体がもつ力の特性をよく知り尽くしていたのではないか。身体がもつ不合理さ、この身がある限り、なすすべもない、抱え続ける影、人間の性のようなものと対峙したのだ。ひょっとすると、親鸞はあふれるほどの高い身体性をもった人物であり、だからこそ身体性を抑制するような思想を構築したのかもしれない。推測の域を出ないが。

# 第四章

# はからいなき地平へ

親鸞自身は、常に自分が法然の教えに立脚しているという意識であったに違いない。しかし、親鸞は法然のようにすっきりした理路を打ち立てることはできなかった。いかんともしがたい矛盾を抱えたまま、這いずり回るようにして生き抜き、それを隠そうともせず赤裸々に語り続けた。その意味では、親鸞の独自性を語るならば、前章で述べたごとく彼の緊張感あふれる内面と生きざまにあろうかと思われる。

阿弥陀仏はまさにこの我ひとりのために存在すると語り、同行《どうぎょう》・同朋《どうぼう》に対しても「面々のおはからい」（それぞれのご判断におまかせします）と言い放つ。老境に入ってなお「愚禿悲歎述懐」という和讃を創作し、おのれの罪業深きことを嘆き続け、念仏を喜べないこの身であるからこそ往生は間違いないと言う。親鸞とはそのような人物である。

第三章で考察した「恣意的改読」などは親鸞がいかに自己の宗教的実存に立って仏道を歩んだかの端的な例である。親鸞思想の特性は「往生と地獄」「救いと罪業」「阿弥陀仏と私」などが緊張的相互依存関係にある。

親鸞は法然が提示した道を、他の誰のでもないこの私ひとりが、という実存的解釈によって歩み続けたのである。

このような親鸞の仏道をどう表現すればよいのだろう。本項の見出しには、「究竟《くきょう》の他力仏教」などと書いてみたが、あまりうまくない。

## 1　究竟の他力仏教

何とかいい言葉はないかと工夫してみたが、だめだった。サブタイトルで使った「絶対他力」などといった用語が親鸞を語る場合にときどき使われているのも、徹底した他力の仏教に立脚したことを何とか言い表そうとせんがためであろう。

親鸞思想における徹底した他力の仏教は、名号中心に解釈すると理解しやすい。「南無阿弥陀仏」の名号は、名体不二と言って、仏そのものである。名号が私に届けば信心であり、口から出れば念仏である。一遍なども「名号仏教」とでも言うべき一面をもっている。このあたりは、真宗教学において微に入り細に入り綿密に議論されているので、興味がある人は普賢大円『真宗行信論の組織的研究』などを一読するとよいだろう。

さて、『歎異抄』第十八条には「弥陀の五劫思惟の願をよくよく案ずれば、ひとへに親鸞一人がためなりけり」とあり、この言葉を親鸞は常日頃から語っていたと書いてある。親鸞という宗教的実存から吐き出される生々しい告白ではないか。深い思想と体験から紡がれた血を吐くような語りだと思う。

そして、彼は「浄土は恋しからず候」と言った。そんな自分のためにこそ阿弥陀仏はおられるのだと言った。親鸞が見た浄土仏教の地平とはどのようなものだったのだろうか親鸞の手紙には、「いし・かはら・つぶてのごとくなるわれらなり」（『唯信鈔文意』）という言葉がある。親鸞が歩んだのは、自らも含めて、道端の石ころのような人々が悟りを開く仏道である。また親鸞は「具縛《ぐばく》の凡夫、屠沽《とこ》の下類、無碍光仏《むげこうぶつ》の不可思議の誓願、広大智慧の名号を信楽《しんぎょう》すれば、煩悩を具足しながら無上大涅槃にいたるなり」（同）と述べている。「屠」は生命を奪う者、「沽」は商いをする者である。猟師、漁師、商人などの被差別者たち、この者たちは当時「悪人」とされていたことが鎌倉時代の百科事典である『塵袋《ちりぶくろ》』に出てくる。河田光夫は、数多くの資料から、親鸞の同行にはこのような被差別者たちが多くいたと結論づけている。例えば、親鸞の手紙には「銭〇〇文、受け取りました」といった御礼の言葉がしばしば見受けられるが、親鸞在世当時に銭を活用していたのはほとんどが商人であったり、商人を通した流通であったそうである。そして、当時の商人の九割は行商人であり、遍歴する人々であったという。そういう視点から親鸞の言葉を見直してみると、「いづれの行もおよびがたき身」という表現が別の方面からリアルに迫ってくる。

親鸞の歩む矛盾に満ちた道は、抑圧された人々の宗教性を共振させたに違いない。また親鸞も常にひとりの同行・同朋としてこの共振現象に呼応していたはずである。

## 2　義なきを義とする

親鸞は自分の念仏も信心も如来から廻施《えせ》（施し与えられる）されたものであると言う。だから、それぞれ大行、大信と述べている。「信心が仏性だ」と言っている（後述）ので、仏性も如来より廻向されたものなのである。我々の行や信は如来に身をゆだねきれていない自力であり、我々が実践する善根は「雑毒《ぞうどく》の善」（毒がまじった善）だと言う。

　自己の力によって善を実践し、修行を積んで、悟りへと至るのが自力、如来の本願力廻向によって浄土へと生まれるのが他力である。つまり、いくら念仏をして浄土を願生していても、自分の功徳だと捉えているのであれば自力なのである。如来から廻向される念仏だからこそ大行なのだ。同様に、信心も如来より廻向された大信でなければ自力となる。もはや自らの「はからい」（義）がないことが他力である。

　この点は、親鸞において厳しく問われる。ただ念仏すれば往生できる、というシンプルな教えとともに、「でもその念仏は自力の念仏ではないのか。私の念仏は、ニセモノの念仏ではないのか」と問い続けられることとなる。

　ゆえに親鸞は、浄土を真実報土《しんじつほうど》と方便化土《ほうべんけど》とに分けて語っている。この思想は源信の『往生要集』に述べられている「衆生の起行にすでに千殊あれば、往生して土を見るにもまた万別あるなり。もしこの解を作さば、諸の経論のなかに、あるいは判じて報となし、あるいは判じて化となす、みな妨難なきなり。ただ諸仏の修行は、つぶさに報化の二土を感ずることを知るべし」（下巻）とあることを受けたものである。つまり他力の念仏者は報土に往生するが、自力の念仏者は化土という浄土の隅っこというか、暫定的な浄土というか、そういう浄土へと生まれるわけだ。

親鸞は、『教行証文類』でも「真仏土巻」と「化身土巻」とを分けて著述しており、「化身土巻」などは、親鸞の他宗教や他宗派に関する視点を読み取ることができて、なかなか興味深い。

さて、報土と化土といった浄土観は、

それ報《ほう》を按《あん》ずれば、如来の願海によりて果成の土を酬報《しゅうほう》せり、ゆえに報といふなり。しかるに願海について、真あり仮あり。ここをもってまた仏土について真あり仮あり。（中略）すでにもって真仮みなこれ大悲の願海に酬報せり、ゆえに知んぬ、報仏土なりといふことを。

（『教行証文類』「真仏土巻」）


とあるように、親鸞が見据えた浄土の特徴のひとつである。親鸞は、源信の報土・化土といった理念を援用し、他力の念仏と自力の念仏とを峻別したのかもしれない。つまり、自分の「はからい」にすがっている限り、真の浄土には生まれることはできぬ、という覚悟の表出であろう。とても親鸞らしい思想体系ではないか。

親鸞は、徹底して阿弥陀仏におまかせする「究竟の他力仏教」を志向した。それは「義なきを義とする」と語られる仏道であった。

このような「義なきを義とする」を別の表現で語ったものが「自然法爾」である。「自然法爾」とは、すべては（如来の働きによる）あるがままの世界であることを受けとめた境地である。有名な「自然法爾章」は、親鸞が八十六歳の時の著述だ。彼は晩年多くの和讃を創作しており、それはまさに自らの内面から溢れ出る宗教的情念に突き動かされた創作活動であったことが知られる。親鸞のパトスの源泉はどこにあるのか。親鸞の宗教的情念の正体は何か。そこは、どこまでも「出世間と世俗」「光と影」との緊張関係を維持したところにあると思う。それこそが親鸞の実存だったのである。

私には「自然法爾」が宗教哲学の領域で膾炙されるような「親鸞が最後に到達した境地」だとは思えない。親鸞という人は、かなり早い時期から「自然法爾」的な文章を書いている。と同時に、深い悲しみや苦悩も書き続けているのだ。そういう人なのである。「自然法爾章」は、親鸞の光の部分が表出したと考えるべきであろう。なにしろ、同時期には「愚禿悲歎述懐」を創作している。こちらのほうには、自然法爾とは程遠い感性と思想性がある。こちらは影の部分が表出したのだろうか。

## 3　現生正定聚と還相廻向

親鸞が一貫して師である法然の仏教思想上の正当性を証明しようとしたことはすでに述べた。しかしその目的は達成されたのであろうか。親鸞の著作がその後、法然の正当性・妥当性の証文として広く用いられることはなかった。その意味において『教行証文類』は不遇の書である。しかし親鸞の強い個性は同書に投影され、結果として親鸞のオリジナリティを発揮することとなる。つまり『教行証文類』は、親鸞の信仰告白の書、及び思想体系の書というもうひとつの側面をもつのである。

例えば、「戒」―「定」―「慧」という仏教構造の解体は親鸞においてさらに進められる。プロセスそのものさえ否定されるかのごとき側面さえ見せる。「信一念」である。法然は「一度の念仏で往生できると信じて生涯念仏せよ」という立場であり、プロセス重視であったのに対して、親鸞において「一念」は「瞬間」という側面が強調される。

一念は、これ信楽《しんぎょう》開発《かいほつ》の時剋《じこく》の極促《ごくそく》を顕し、（以下略）。　（『教行証文類』「信巻」）

まさに信心という宗教体験が成立するその瞬間なのである。ただひたすら称名すればおのずと三心が具わってゆく、として「仏道のプロセス」を重視した法然に比べれば、「信心決定」のときが即ち「正定聚《しょうじょうじゅ》」、つまり信心が決定したときに往生が決定するということに非仏教的方向性をもつ。これを「現生正定聚《げんしょう》」と言う。

親鸞は、他力の信心が決定したそのとき「現生正定聚」に住するとしている。つまり、今、この場において、もはや悟りを開くことが定まった者（弥勒菩薩と同じ）となるのである（法然でさえ現生で正定聚に至るとは語っていない）。

スタンダードな仏教教理解説書である『倶舎論』では、三悪道に堕ちることに決定している者を「邪定聚《じゃじょうじゅ》」、修行によっては正定聚に至り、仏道からはずれれば邪定聚に退く者を「不定聚《ふじょうじゅ》」としている。

そして親鸞は、これら三つを例によって『無量寿経』の三願に照らし合わせ、正定聚は第十八願、第二十願は不定聚、第十九願を邪定聚としている。もちろん、この場合の邪定聚は、『倶舎論』のような解釈ではなく、自力の者を他力へと振り向けようとするための誓願であるとしている。また、親鸞は、「浄土三部経」も相応させ、正定聚を『無量寿経』、不定聚を『観無量寿経』、邪定聚を『阿弥陀経』とも述べている。

また、

> 信心よろこぶそのひとを　如来とひとしとときたまふ　大信心は仏性なり　仏性すなはち如来なり（信心を得て喜ぶ人は、如来と等しいと〔『華厳経』には〕説かれている。阿弥陀如来から廻向された信心は仏性である。仏性はそのまま如来である）
>
> （『浄土和讃』）

という和讃からもわかるように、親鸞にとって如来の願いを信受した人は、如来と等しい正定聚の人であった（「弥勒と同じ」とも語り、『観経四帖疏』「散善義」に基づき上々人、妙好人、希有人、最勝人などと讃えている）。その意味では、往生はすでに定まっている。往生すれば、即、成仏である。それは自分の力ではなく如来より廻施されるものであるからなのだ。

このような、親鸞が語る浄土は、現代人の共鳴盤を揺さ振るのだろうか。結論から言えば、「生と死を超える宗教的ナラティヴ」は中世人であろうが、現代人であろうが、古代人であろうが、宗教性の共振現象を起こすと思う。

浄土があるからこそ現世が相対化される、浄土は帰るところである、と前述したごとくである。浄土は「帰るところのある人生を生きる」象徴であり働きである。親鸞もどのような水も大海へと行き着き、ひとつとなるイメージをもっていた。

弥陀智願の広海に　凡夫善悪の心水も　帰入しぬればすなはちに　大悲心とぞ転ずなる

（『正像末和讃』）

凡《ぼん》・聖《しょう》・逆《ぎゃく》・謗《ほう》ひとしく回入《えにゅう》すれば　衆水の海に入りて一味なるがごとし

（『教行証文類』「行巻」正信念仏偈）

と著述している。

私は「生と死を超える宗教的ナラティヴ」こそ宗教だけのフィールドであり、他の領域で代替できないものだと考えている。また「生と死を超えて帰る世界」が開いているからこそ、苦悩の人生を生き抜き、死に切ることができるのではないかと思う。

しかし、親鸞の語る浄土はもっと厳しいものである。親鸞は、浄土へと往生し仏と成って、今度は衆生済度のために還ってくるのだ、と語る。これを「還相廻向」と言う（浄土へと往くのは「往相廻向」である）。実際、親鸞は法然を「還相の人」だと信じていた。また、法然自身も「今回は三度目の往生である」（つまり、二度往生して還ってきている）と言ったという。

この還相廻向まで含めて、親鸞浄土仏教は成就するのである。

## 4　悪人正機と悪人正因

親鸞といえば「悪人正機」という言葉を連想する人も多いだろう。しかし、親鸞自身は「悪人正機」という言葉を使ってはいない。後の教団用語である。

『歎異抄』の第三条を読んでみよう。

善人なをもて往生をとぐ、いはんや悪人をや。しかるを、世のひとつねにいはく、悪人なお往生す、いかにいはんや善人をや。この条一旦そのいはれあるににたれども、本願他力の意趣にそむけり。そのゆへは、自力作善のひとは、ひとへに他力をたのむこゝろかけたるあひだ、弥陀の本願にあらず。しかれども、自力のこゝろをひるがへして、他力をたのみたてまつれば、真実報土の往生をとぐるなり（「善人でさえ仏の真実の世界に往き遂げることができるのだから、悪人が往生するのは当然です」。しかし、世間の人たちが常に言うのは、「悪人でさえ往生させてもらえるのだから、まして善人の往生は当然です」と。このことは一応、道理があるように思われますが、阿弥陀仏の根本の願いの働きに全ておまかせする、「本願他力」の本意に背いています。なぜなら、自分の力で善行を積み上げて仏に成ろうと努力して、何とかできると信じている自力作善の人は、ひたすらに他力（阿弥陀仏の働き）におまかせするという、「馮む」心が欠けているので、阿弥陀仏の願いに添うものではありません。しかし、自力の心を翻して、他力を馮みたてまつれば、真実の本願に報いて建てられた一如真実の世界に往くことができるのです）。

ここから「悪人正機」という言葉が使われるようになった。しかし、引用箇所の後文に「他力をたのみたてまつる悪人、もつとも往生の正因《しょういん》なり」とあるのを読んでもらえばわかるように、ここには「悪人正因」と述べられている。

この、「善人でさえ救われるのだから、まして悪人は救われる」という表現は法然も語っている（法然には「悪人でさえ救われるのだから、まして善人は救われる」というまったく逆の表現も残っている）。

悪人正機は、日本浄土仏教におけるひとつの完成形態である。「善人でさえ救われるのだから、まして悪人は間違いなく救われるのだ」という思想は法然・親鸞以外にも見ることはできる。例えば、「岸の上にいる人は、別に救わなくてもいいけど、水に溺れている人はすぐさま救わねばならない。岸の上の人だって、もし溺れたら救います」という立場は、「救い型宗教」の特性でもある（イエスの精神も同じ位相であると言えよう。そもそも「救い型宗教」や「一神教」は、悪人や弱者といった被抑圧者たちの中から生まれてくるのである）。

「悪の自覚」と「救済」とは、影と光の関係だ。そこでは、世間から「排除」される対象こそが、「救い」の対象なのである。ゆえに悪人こそが救われるというパラドクスが成立するのだ。

しかし、親鸞は、自覚したり意思で操作できるような悪などはたいしたことない、私はもっと根源的悪を抱えている、「悪性《あくしょう》さらにやめがたし　こころは蛇蝎《じゃかつ》のごとくなり」（『正像末和讃』）と告白する。親鸞という人は、浄土仏教の流れの中でも際立って「罪業」に向き合った人物である。親鸞は、出家してから八十数年という長きにわたって、誰よりも真摯に仏道を歩み続けながら、生涯「悟った」と言うことはなかったのである。

さて、法然の言葉に、「善人は善人ながら、悪人は悪人ながら、本のままにて〔念仏を〕申すべし」（『三心料簡《さんじんりょうけん》および御法話』）というのがある。善悪を超えて、その身のままで救われる、このような法然の思想は日本仏教を大転換させた。また、法然は「愚者になりて往生する」などと言い放つ。どこか味わいのある言葉ではあるが、もはや仏教の枠組みさえも超えているとも言えそうだ。なにしろ、仏教は本来、智者となるための体系なのだから。

最澄から法然への流れの中で、日本仏教において「戒律」は第一義的ポジションを喪失した。それは、仏教の扉を大衆へと開く推進力となったのである。

そんな中、親鸞は戒律や善悪の問題を、「罪」との関係で捉えなおす。親鸞の仏教は、「悪人となって往生する仏教」である。私はこれを「悪人正因」と表現して、「悪人正機」とちょっと区別したいと考えている。「機」は「対象」(intention)という意味なので、「悪人が救済の対象」というのなら、古来からの浄土仏教がずっと語ってきた世界である。しかし、悪人が「因」(cause)である、というところに悪人正機をさらに深める親鸞思想の特性を見たいのである(信楽峻麿『親鸞における信の構造』)。

親鸞には「絶対に地獄に行く」しかない自分の本性が見えていたのである。だからこそ、彼には仏の呼び声が聞こえたのだ。ここに、称名念仏を「仏の呼び声」と捉えた親鸞の深い宗教体験がある。

さらに言うならば、親鸞は「いくら仏に呼ばれても、その声に背き続けるのがオレという人間だ」とまで語っている。そして、それこそがオレの実存だ、仏教はまさにこのオレ唯一人のためにこそあるのだ、と言う。

最も仏に遠い男、そして最も仏に愛された男。煩悩具足の凡夫。それが親鸞か。

## 5　「称」＝「聞」＝「信」

さて「南無阿弥陀仏」と称えることは、「限りない光と生命の仏に帰依します」という一種の信仰告白である。巨人・法然は、仏道をすべて称名ただひとつを軸として読み替えた。しかし、親鸞は自分の称名を仏の呼び声であると転換する。それこそが親鸞における他力の念仏である。ここにおいて、重要になってくるのが「聞名《もんみょう》思想」（阿弥陀仏の名号を聞くこと）だ。親鸞は、「名号を称すること、とこえひとこえ、きくひと、うたがふこゝろ一念もなければ、実報土へむまるとまふすこゝろなり」（『一念多念文意』）と著している。明確に「称名」と「聞名」を同一視している。

親鸞は『教行証文類』の「行巻」において、なぜ「行巻」で、わざわざ『無量寿経』の異訳である『大阿弥陀経』や『平等覚経』や『如来会』、そして『悲華経《ひけきょう》』を引用したのか。それは「我が名を聞け」と説かれているからである。『大阿弥陀経』や『平等覚経』は、誓願が二十四であり、四十八願の経典よりも古いものであると考えられている。そこには「聞名」が強調されているのだ。そして、『無量寿経』にも「聞其名号、信心歓喜」（その名号を聞きて、歓喜に満たされる）と書かれている。このような親鸞の「聞名」という思想の根底には、「他力」という宗教における受動的構造を徹底するという意志があったに他ならない。

親鸞において「他力の念仏」かどうかは、それが「仏の呼び声」であるかどうかということである。なぜなら、それこそが「他力の信心」でもあるからだ。『一念多念文意』や『唯信鈔文意』には、「聞くといふは、信心をあらわす御のりなり」と述べられている。すなわち「称えること」は、「聞くこと」であり、そして「信じること」なのである。

また『一念多念文意』には、「称は御なをとなふるとなり、また称ははかりといふこゝろなり」とある。念仏を称えることとは、おのれがはかられていくということだと言うのだ。念仏を称えれば称えるほど、我が身が問われる。これを金子大栄（一八八一―一九七六）は、「念仏は自我崩壊の音」と表現した。これぞ他力の念仏だ。

さらに、親鸞の著作において、最も重要な文章のひとつに、「しかるに経に聞と言うは、衆生仏願の生起・本末を聞きて疑心あることなし、これを聞と曰うなり。信心と言うは、すなわち本願力廻向の信心なり」（『教行証文類』「信巻」）というのがある。

現代語訳すれば、『無量寿経』に「聞」と書いてあるのは、阿弥陀仏の誓願の起こりとその成就を聞いて疑う心がないことを言う。「信心」というのは、阿弥陀仏の誓願から廻向されたものである、といったところである。しかし、これを「私」という存在、「私」の生と死は、阿弥陀仏なしにはあり得ない。私が生き抜き、死に切るには、なぜ阿弥陀仏がいてくださらねばならないかを聞いていくのが「聞」であり「信心」である、と大胆に超訳したいと思う。真宗文献学的には問題おおアリなのは百も承知だが、私にはこの言葉がそのように聞こえるのである。

親鸞は、法然浄土仏教思想を自己の現実的存在の位相で語っている。そこに親鸞の独自性がある。それは「称」＝「聞」＝「信」という構造、ここが親鸞思想の柱である。これはすなわち、前述した「教」―「行＝信」―「証」という構造とパラレルとなっている。これぞ「他力念仏」であり、「他力信心」であり、「本願力廻向」なのである。

# あとがき

かつて、オウム真理教事件が起こったとき、多くの宗教学者が自らの思想の脆弱さを露呈させてしまった。そしてその後、一時期、申し合わせたように数人の宗教学者が親鸞を語り出した。なぜだろうか。それは、日本宗教思想史上において親鸞ほど人間の影と対峙した人物はいないからに違いない。オウム真理教を取り上げた映画『A』と『A2』を撮った森達也は、オウム信者は真面目過ぎた、純粋無垢なるがゆえに極端な行為へと突っ走った、と分析していたが、親鸞は純粋無垢な信仰をもっていても業縁によっては殺人だってしてしまうのが我々であることを喝破していた。

もはや、近代が行き詰まり、ポストモダン言説もすでに消費され切ってしまった。現代人の宗教性や宗教心の傾向は、「無地域化」「道具化」「個人化」などの特徴が顕著となってきている。このような状況において、我々は親鸞から何を学べるのか。

人間の根源的な宗教性の部分は、きっと何千年も何万年も変わってないと思う。親鸞が抱えた苦悩や、「帰る世界がある」という救いや、利他行為による喜び、などはいつの世も人間の宗教性を共振させるに違いない。

仏教は「私が仏と成る」という宗教であるが、法然は「仏が私を救う」という方向転換によって仏教を再構築する。ところが親鸞という人は、その仏の救いから逃げ続けるような人物なのである。この身がある限り、着地するのを拒否し続けて、矛盾を抱えたまま生き抜き、死に切った人だと思う。仏の救いに出会った喜びを語るかと思えば、仏から逃げ続けるような自分の内面を吐露する。親鸞には常にその緊張感を感じる。逆に言えば、そのような自分の姿がありありと見えているということは、仏の光に照らされているからであろう。だからこそ親鸞は、「阿弥陀仏はオレのような人間のために、このオレひとりのためにこそおられるのだ」と語るのである。

その姿勢は私の宗教性を揺さ振らずにはおかない。共振現象が起こるのである。そして苦悩の中で別の扉が開く。

きっと現代人のみならず、これからも人々は繰り返し親鸞を求め続けるのである。

二〇一〇年五月　　　　釈　徹宗

参考文献

『ミリンダパンハ』(中村元・早島鏡正訳『ミリンダ王の問い』第一巻、平凡社東洋文庫、一九六三年)
『般舟三昧経』(林純教『蔵文和訳般舟三昧経』大東出版社、一九九四年)
河波昌『浄土仏教思想論』北樹出版、二〇〇一年
『無量寿経』(真宗聖教全書編纂所編『真宗聖教全書』第一巻、大八木興文堂、二〇〇八年)
『観無量寿経』(真宗聖教全書編纂所編『真宗聖教全書』第一巻、大八木興文堂、二〇〇八年)
『阿弥陀経』(真宗聖教全書編纂所編『真宗聖教全書』第一巻、大八木興文堂、二〇〇八年)
菊村紀彦編『親鸞辞典』東京堂出版、一九七八年
藤田宏達「浄土経典の種々相」(平川彰ほか編集『講座・大乗仏教』第五巻、春秋社、一九九六年)
『歎異抄』(真宗聖教全書編纂所編『真宗聖教全書』第二巻、大八木興文堂、二〇〇九年)
平松令三『親鸞聖人絵伝』本願寺出版社、一九九七年
『恵信尼消息』(浄土真宗教学伝道研究センター編『浄土真宗聖典』註釈版第二版、本願寺出版社、二〇〇四年)
『経釈文聞書』(柏原祐泉・石田充之・千葉乗隆編『真宗史料集成』第一巻、同朋舎メディアプラン、二〇〇三年)
『親鸞聖人正統伝』(平松令三編『真宗史料集成』第七巻、同朋舎メディアプラン、二〇〇三年)
『顕浄土真実教行証文類』(真宗聖教全書編纂所編『真宗聖教全書』第二巻、大八木興文堂、二〇〇九年)
『正像末和讃』(真宗聖教全書編纂所編『真宗聖教全書』第二巻、大八木興文堂、二〇〇九年)
中村元『日本人の思惟方法』(『中村元選集』決定版第三巻、春秋社、一九八九年)
中沢見明『真宗源流史論』法蔵館、一九五一年
梯実円『法然教学の研究』永田文昌堂、一九八六年
『一念多念文意』(真宗聖教全書編纂所編『真宗聖教全書』第二巻、大八木興文堂、二〇〇九年)
石田充之『日本浄土教の研究』百華苑、一九五二年
石田瑞麿「一念義と口伝法門」(『真宗教学研究』第二集、永田文昌堂、一九八〇年)
『越中国光明房へつかわす御返事』(石井教道編『昭和新修法然上人全集』平楽寺書店、一九五五年)
『唯信抄』(真宗聖教全書編纂所編『真宗聖教全書』第二巻、大八木興文堂、二〇〇九年)
『御消息集』(真宗聖教全書編纂所編『真宗聖教全書』第二巻、大八木興文堂、二〇〇九年)

『玄義分抄』（『増補改訂日本大蔵経』第九十巻、宗典部浄土諸宗章疏二、鈴木学術財団編集、一九七七年）
『浄土宗要集』（浄土宗典刊行会編纂『浄土宗全書』第十巻、浄土宗典刊行会、一九三〇年）
『極楽浄土宗義』（桑谷観宇・戸松憲千代編『隆寛律師全集』第一巻、真宗典籍刊行会、一九四〇年）
『末代念仏授手印』（宗書保存会編『浄土伝燈輯要』浄土宗出版事業協会、一九七五年）
『愚禿鈔』（真宗聖教全書編纂所編『真宗聖教全書』第二巻、大八木興文堂、二〇〇九年）
『無量寿経優婆提舎願生偈註』（浄土論註）（真宗聖教全書編纂所編『真宗聖教全書』第一巻、大八木興文堂、二〇〇八年）
『本願寺聖人親鸞伝絵』（真宗聖教全書編纂所編『真宗聖教全書』第三巻、大八木興文堂、二〇〇五年）
『拾遺古徳伝』（真宗聖教全書編纂所編『真宗聖教全書』第三巻、大八木興文堂、二〇〇五年）
平松令三『親鸞の生涯と思想』吉川弘文館、二〇〇五年
菊村紀彦・仁科龍『親鸞の妻・恵信尼』新装増補版、雄山閣出版、一九九〇年
今井雅晴『親鸞と恵信尼』自照社出版、二〇〇四年
『日野一流系図』（平松令三編『真宗史料集成』第七巻、同朋舎メディアプラン、二〇〇三年）
『親鸞聖人御消息』（浄土真宗教学伝道研究センター編『浄土真宗聖典』註釈版第二版、本願寺出版社、二〇〇四年）
『親鸞聖人門侶交名牒』（柏原祐泉・石田充之・千葉乗隆編『真宗史料集成』第一巻、同朋舎メディアプラン、二〇〇三年）
『改邪鈔』（真宗聖教全書編纂所編『真宗聖教全書』第三巻、大八木興文堂、二〇〇五年）
『尊号真像銘文』（真宗聖教全書編纂所編『真宗聖教全書』第二巻、大八木興文堂、二〇〇九年）
S・A・キェルケゴール『死に至る病』斎藤信治訳、岩波文庫、一九三九年
『観経四帖疏』（観無量寿経疏）（真宗聖教全書編纂所編『真宗聖教全書』第一巻、大八木興文堂、二〇〇八年）
『論語』金谷治訳注、岩波文庫、一九九九年
『仏説観無量寿仏経疏』（『大正新脩大蔵経』第三十七巻、経疏部五、大蔵出版、一九二六年）
藤永清徹「二種深信（上）」（真宗本願寺派宗学院編集『宗学院論輯』第三巻第九輯、永田文昌堂、一九七六年）
『往生礼讃』（真宗聖教全書編纂所編『真宗聖教全書』第一巻、大八木興文堂、二〇〇八年）
『往生大要鈔』（石井教道編『昭和新修法然上人全集』平楽寺書店、一九五五年）
『浄土和讃』（真宗聖教全書編纂所編『真宗聖教全書』第二巻、大八木興文堂、二〇〇九年）
『播州法語集』（橘俊道・梅谷繁樹『一遍上人全集』春秋社、一九八九年）
『一言芳談』小西甚一校注、ちくま学芸文庫、一九九八年
『百四十五箇条問答』（石井教道編『昭和新修法然上人全集』平楽寺書店、一九五五年）

上田義文『親鸞の思想構造』春秋社、一九九三年
『唯信鈔文意』（真宗聖教全書編纂所編『真宗聖教全書』第二巻、大八木興文堂、二〇〇九年）
普賢大円『真宗行信論の組織的研究』百華苑、一九五六年
『往生要集』（真宗聖教全書編纂所編『真宗聖教全書』第一巻、大八木興文堂、二〇〇八年）
『三心料簡および御法語』（石井教道編『昭和新修法然上人全集』平楽寺書店、一九五五年）
信楽峻麿「親鸞における信の構造」（千葉乗隆・細川行信編『日本名僧論集』第七巻、吉川弘文館、一九八三年）

釈 徹宗……しゃく・てっしゅう

一九六一年（昭和三十六年）、大阪府に生まれる。龍谷大学大学院文学研究科真宗学専攻博士課程修了、大阪府立大学大学院人間文化学研究科比較文化専攻博士課程修了。博士（学術・大阪府立大学）。専攻は宗教学・比較宗教思想・人間学。龍谷大学非常勤講師、兵庫大学生涯福祉学部教授を経て現在、相愛大学人文学部教授。浄土真宗本願寺派如来寺住職。NPO法人リライフ代表。著書に『親鸞の思想構造』（法蔵館）、『仏教ではこう考える』（学研新書）、『不干斎ハビアン――神も仏も棄てた宗教者』（新潮選書）、『宗教聖典を乱読する』（朝日新聞出版）、『ゼロからの宗教の授業』（東京書籍）等のほか、内田樹氏との共著に『いきなりはじめる浄土真宗』『はじめたばかりの浄土真宗』（ともに本願寺出版社）、『現代霊性論』（講談社）等がある。

構築された仏教思想
**親鸞**――救済原理としての絶対他力

二〇一〇年九月二〇日　初版第一刷発行
二〇一二年八月一〇日　初版第二刷発行

著者　釈 徹宗
発行者　岡部守恭
発行所　株式会社佼成出版社
〒一六六-八五三五　東京都杉並区和田二-七-一
電話　〇三-五三八五-二三一七（編集）
〇三-五三八五-二三二三（販売）
URL　http://www.kosei-shuppan.co.jp/

印刷所　大日本印刷株式会社
製本所　大日本印刷株式会社

◎落丁本・乱丁本はお取り替えいたします。

ISBN978-4-333-02460-5　C0315